Par Bottin et App Barbier

Par Hoyois

Q    80

1890

# BIBLIOGRAPHIE

## DES

## PAYS-BAS.

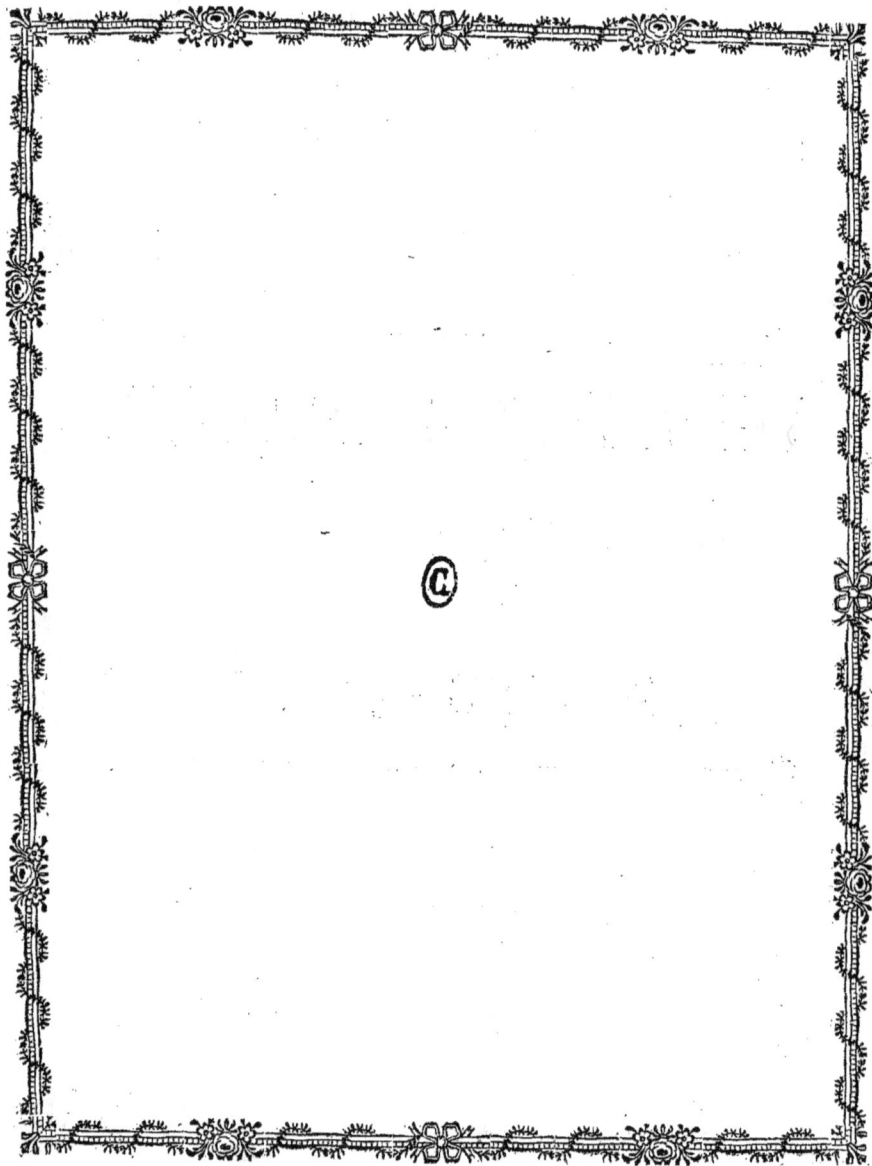

©

# BIBLIOGRAPHIE

## DES

## PAYS - BAS,

### *AVEC QUELQUES NOTES.*

*Ex uno noſce multos.*

A NYON, *en Suiſſe*,

De l'Imprimerie de NATTHEY & Compagnie.

M. DCC. LXXXIII.

A MONSIEUR,

*MONSIEUR*

LE MARQUIS DE GAGES,

*&c. &c. &c.*

*M*ONSIEUR,

*La Reconnoiſſance m'oblige à vous offrir cet Ouvrage.*

*Je ſuis avec reſpect ,*

*M*ONSIEUR,

*Votre très - humble*
*& très - dévoué Serviteur ,*

*Imprimeur - Libraire.*

# AVERTISSEMENT.

Dès l'enfance dans le Commerce de la Librairie, je dois à un Oncle cher [ * ] la connoiſſance de certains Ouvrages qui concernent les Pays - Bas ; établi à mon particulier , j'en ai vendu pluſieurs : il ne m'en eſt paſſé aucun dans les mains , ſans que j'en aie pris le titre , pour mon utilité. J'ai hazardé pluſieurs réflexions que j'ai entremêlées de notes *copiées* d'après les meilleurs catalogues ; j'y ai joint le prix de chaque Ouvrage. Voilà ma *Bibliographie.* [ ** ]

---

[ * ] Mr. H. BOTTIN , Imprimeur-Libraire à Mons en Hainau. *En mettant cette feuille ſous preſſe, j'apprends la mort de cet Oncle bienfaiſant ; que ſa ſenſible Epouſe reçoive ma reconnoiſſance !*

[ ** ] Cet Ouvrage ne peut être vendu, n'en ayant fait imprimer que cinquante exemplaires.

# BIBLIOGRAPHIE

## DES

## PAYS-BAS.

ABRÉGÉ CHRONOLOGIQUE de l'Hiſtoire de Flandre,
par Panckoucke, *in-12. Lille. rel.* Arg. de France. L. 4-
*Ce Livre eſt peu recherché, il ſe trouve communément.*

Abrégé de l'Hiſtoire de Hollande, *in-12, La Haye*, 1688. 1-10
*Cet Ouvrage ne s'eſt vendu qu'une livre à la vente des Livres de la Bi-
bliotheque de Madame de Pompadour.*

Abrégé de l'Hiſtoire de la Hollande, & des Provinces-Unies,
depuis les tems les plus reculés, juſqu'à nos jours, par
M. Kerroux, 2 vol. *in-4°. rel.* 18-

--- Idem, 4 vol. *in-8°. Leyde*, 1778. 18-

*On trouve aiſément les deux éditions de cet Abrégé.*

Abrégé des Vies des principaux Fondateurs des Religions de
l'Egliſe, repréſentés dans le Chœur de l'Abbaye de S. Lam-
bert à Lieſſies, par Binet, *in-4°.* fig. 1634. 12-

*Ce Livre eſt rare & recherché.*

A

Abrégé de la Vie du duc de Malboroug & du prince Eugene, *in-12. Amft.* 1714. L. 2-10

*Cet Ouvrage eft à la Bibliotheque de* Saint-Denis *, en* Hainau *, de même que* le fuivant *, qui eft moins rare.*

Abrégé de la Vie de S. Ghiflain , par D. Jérôme Marlier, abbé. *in-12.* 1-10

Abrégé de la Vie de Mgr. Vander-Burch , archevêque-duc de Cambrai , &c. *in-4º.* 2-10

*Cet Abrégé , très-bien imprimé , eft recherché par fon mérite. Il eft difficile à trouver.*

Acta & Decreta Synodi diœcefani Cameracenfis , anni 1550 *in-4º. rel. Parif.* 1551. 6-

*Ce volume a été recherché , & fe vendoit 18 à 20 livres , avant la nouvelle édition , faite en 1781 , par ordre de Mgr.* de Fleury.

Actions héroïques & plaifantes de l'empereur Charles-Quint, *petit in-12.* 1-

*Il y a une quantité d'éditions de cet Ouvrage , qui eft commun.*

Ambaffade de la Compagnie Orientale des Provinces-Unies, vers l'empereur de la Chine , au Grand-Kan de Tartarie, avec quantité de planches, *in-folio. Leyde* , Demeurs , 1665. 24-

Degoyer de Kayfer *eft l'auteur de ce Livre qui eft eftimé & rare.*

Ambaffade de la Compagnie Orientale des Provinces-Unies,
vers l'empereur du Japon, *in-folio. Amft.* 1680.   L. 24 -
*Cet Ouvrage eft auffi rare & recherché que le précédent : ils font tous*
*deux ornés de figures.*

Amufemens de la Hollande, 2 vol. *in-12. La Haye,* 1739.   6 -
*On trouve difficilement ce Livre.*

Analecta Belgica , ex editione Burmanni fecundi, 2 vol. *in-8°.*
*Lugd. Bat.* 1772.
*Le Sr.* Ermens , *à* Bruxelles *, a encore un nombre d'exemplaires de cet*
*Ouvrage.*

Anaftafis Childerici Francorum Regis , fivè Thefaurus fepul-
chralis, Tornaci Nerviorum effaffus , Commentario illuf-
tratus , Auct. Chiffletio , *in - 4°. Antv.* Plantin , 1655 ,
fig.                                                                    30 -
*La rareté de cet Ouvrage eftimé en augmente la valeur.*

Annales , fivè hiftoriæ rerum Belgicarum à diverfis auctoribus
confcriptæ , quibus omnium illarum Provinciarum , Brabantiæ , Flandriæ , Hannoniæ , Hollandiæ , Zelandiæ , Gel-
driæ , Frifiæ , aliarumque vicinarum Regionum res memo-
rabiles comprehenduntur , 2 t. en 1 vol. *in - folio. Francf.*
1580.                                                                  21 -
*Rare.*

Annales Gallo-Flandriæ , à Buzelino, *in-folio.*        12 -
*J'ai vu cet Ouvrage à la Bibliotheque de l'Abbaye de S.* Denis *en* Hainau.

Annales des Provinces-Unies, contenant les chofes les plus remarquables arrivées en Europe & dans les autres parties du monde, depuis les négociations de Munfter jufqu'à la paix de Bréda, avec la defcription hiftorique de leur gouvernement, par M. Bafnage, 2 vol. *in-folio. La Haye,* 1719.

*Cette édition a été vendue à la Bibliotheque de M. Picke, 60 livres, & celle de 1726, qui eft la plus recherchée, 70 liv. à la Bibliotheque de M. Boze. M. Debure en parle. --- Il fe trouve une édition poftérieure, 1727, 2 vol. fur le Catalogue de M. Changuion, à La Haye, où elle a été imprimée. -- J'en connois une autre, qui eft, je crois, la premiere, imprimée en un volume in-folio, fous la date de 1719, qui ne fe vend que 21 liv. M. Ofmond annonce les éditions de 1719 & 1726, en 2 vol. 36 à 40 liv.*

Annales & Hiftoires des troubles des Pays-Bas, *depuis 1566 jufqu'en 1609 , trad. de* Grotius, *par M. L'Héritier, in-folio.* 1661. *Amft.* Blaev.        L. 21 -

*C'eft à ce prix que cet Ouvrage a été vendu à la Bibliotheque de M. Picke. Il eft eftimé & rare.*
*Voyez* Grotius.

Annales Belgiques des Pays-Bas, par Dumées, *in-12. Douay,* 1761.        2 - 10

*Ce Livre eft commun.*

Annales de Flandre, par Suyto, *in-folio. Anvers,* 1624.   21 -

*Ces Annales fe trouvent très-rarement : elles ont été vendues à la Bibliotheque de M. Picke.*

Annales des belliqueufes Gaules, par N. Gilles, *in - folio.*
  *Paris*, 1528. caract. gothique.                        L. 15 -

  *Ce Livre eft très-rare, & fon prix augmente, lorfqu'il eft bien confervé.*

Annales & Chroniques de France, par le même, *in - folio.*
  *Paris*, 1538. caract. gothiq.                          21 -

  *Cet Ouvrage eft auffi rare que le précédent.*

Annales de la province & comté de Hainaut, depuis l'entrée
  de Jules-Céfar dans le pays, *jufqu'en 1555*, recueillies par
  Fr. Vinchant, augmentées & achevées par Ant. Ruteau.
  *Mons, in-folio*, 1648.                                 36 -

  *Ce Livre rare eft très-recherché; il contient la meilleure defcription
  qu'on ait du Hainau.*

Annales du Haynault, par Deguyfe ; 3 patt. en 1 vol. *in-folio,*
  caract. gothiq.                                         40 -

  *Il eft auffi rare, & même plus que le précédent.*

Annales de la ville de Calais & du pays reconquis, par le
  Sr. Bernard, *in-4°. S. Omer*, 1715.

  *Selon* Clément*, cet Ouvrage eft fort rare.*

Annales généalogiques de la maifon de Lynden, par Butkens,
  *in-folio. Anvers*, 1626.

  *Ces Annales font recherchées dans la Flandre & dans le Brabant, & fe
  trouvent rarement. Tel eft le fentiment de M. Debure.*

Annales d'Acquitaine, par Jean Bouchet ; *in-folio. Poitiers*, Marnef, 1545.          L. 7 -

*Cet Ouvrage s'eſt vendu à la Bibliotheque de Madame de* Pompadour, *L. 7 - 18 ; il eſt rare ; l'édition de* Paris *de 1540 , par* Regnault, *eſt fort rare ſuivant* Clément.

Annales Sanctorum Belgii, ab A. Raiſſio, *in-4°.* 1726.

*Voyez* Belgica Chriſtiana.

Antidotum adversùs calumnioſos & venenos libellos Joannis Lillers , è Belgio proſcripta , &c. *in - 4°.* Ant. Mauden ; *Lov.* 1627.          12 -

*Rare.*

Antiquitates Belgicæ à Gramaye , auct. Antiq. Bredanis , *in - fol. Lovanii* , 1708.          21 -

*Tel eſt le prix de cet Ouvrage , fixé par M.* Debure. *Il ſe trouve communément ; M.* Ermens, *à* Bruxelles, *l'annonce ſur ſon Catalogue.*

Antiquités de la Gaule Belgique , Royaulme de France , Auſtraſie & Lorraine , avec l'origine des duchés & comtés de Brabant , Tongres , Ardenne , Haynault , Lotreicht , Flandre , Lorraine , Luxembourg, Louvain &c. , par Rich. de Waſſebourg, 2 tom. en 1 vol. *in-folio. Paris*, 1549.    60 -

*Cet Ouvrage eſt encore aſſez conſidéré, malgré les fables dont il eſt rempli, parce qu'il renferme des particularités qu'on ne trouve point ailleurs. Il eſt rare.*

Antiquités Gauloiſes & Françoiſes , par Fauchet, 2 vol. *in-12.*
  *Paris* , 1599.                                              L. 8 -
  *Ce Livre rare ſe trouvoit à la Bibliotheque de M.* Picke.

Apologeticus eorum qui Hollandiæ , Weſtfriſiæque & vicinis
  quibuſdam nationibus ex legibus præfuerunt ante muta-
  tionem quæ evenit anno 1618, ab Hug. Grotio, &c. *in-12.*
  *Pariſ.* 1640.                                               2 - 4
  *Tel eſt le prix auquel il a été vendu à la Bibliotheque de M. de la* V**.

Architecture , Peinture & Sculpture de la maiſon - de - ville
  d'Amſterdam , en 109 figures avec explications ; *in-folio.*
  *Amſt.* Mortier , 1719.                                   18 - 19
  *Il ſe trouvoit à la Bibliotheque de Madame de* Pompadour *, où il a été
  vendu à ce prix.*

Armorial univerſel , contenant les armes & blaſons des maiſons nobles & illuſtres de France , & autres royaumes &
  états du monde , repréſenté par un grand nombre de
  planches en taille-douce ; *in-folio. Paris* , 1762.         60 -
  *Il eſt rare.*

Aſſertion de l'épiſcopat de S. Priat , premier évêque de
  Tournai , avec un diſcours de l'établiſſement de l'égliſe de
  Tournai , *in-8°. Tournai* , 1619.                          12 -
  *Cette aſſertion eſt fort rare , & très-recherchée.*

Atlas nouveau du Voyageur , pour les dix-ſept provinces des

Pays-Bas, par Sanſon, avec cartes *enluminées; in-8°.* 4 -
*Commun, & peu eſtimé.*

Avis fidele aux véritables Hollandois, touchant les cruautés
inouies que les François ont exercées à Bodegrave &
Swammerdam, *in-4°.* fig. *par Romain de Hooge*, 1673. 12 -
*Il fut vendu à la Bibliotheque de M.* Delaleu,      *L.* 20 - 10
à celle de M. Picke,                                    18 - -
*Il y en a une édition petit in - 12, très - eſtimée, imprimée en*
*1673, & qui ſe vend*                                   3 - -
*Cet Ouvrage eſt écrit d'une maniere très-vive : on en trouve peu commu-*
*nément des exemplaires.*

# B.

BARLANDI ( Adriani ) rerum geſtarum Brabantiæ ducibus hiſtoria, uſque ad annum 1526.

*Cet Ouvrage ſe trouve rarement, je ne l'ai vu qu'à la Bibliotheque de S. Denis.*

Batailles du prince Eugene de Savoye, gravées par Hughtenbourg, & expliquées par Jean Dumont, 3 vol. *in-folio.* *La Haye*, 1720 & 1729.          L. 100 -

Batavia Sacra, ſivè res geſtæ Apoſtolicorum Virorum qui fidem Bataviæ primi intulerunt, 2 vol. *in-folio. Bruxellis*, 1714, cum fig.

*Très-rare.*

Belgica Chriſtiana, Arnoldi Raiſſii, ſivè ſynopis ſucceſſionum & geſtorum Epiſcoporum Belgicæ Prov. *in-4°. Duaci*, 1634.          3 - 19

*C'eſt à ce prix que cet Ouvrage a été vendu à la vente de M. de la V**. Il ſe trouve à la Bibliotheque de M. le Marquis de* Gages, *à* Mons, *en* Hainau, *un ouvrage du même auteur, ſous le titre de* Annales Sanctorum Belgii, *& à la Bibliotheque de* S. Denis, *un autre ſous celui de* Theſaurus Sac. reliquiarum Belgii. *Voyez* Natales (ad) Sanctorum Belgii, *& origines* Cartuaſiarum Belgii.

Belgii ( omnium ) ſivè inferioris Germaniæ deſcriptio, à Lud. Guicciardino, *in-folio. Amſt.* 1613, cum fig.          15 -

*Cet Ouvrage eſt aſſez commun.*

B

Bibliotheca Belgica, à Foppens, 2 vol. fig. *in-4°. Bruxellis*, 1739. L. 24 -

*Le mérite de cet Ouvrage confifte en portraits.*

Blafon des armoiries de tous les Chevaliers de l'Ordre de la Toifon-d'or , avec leurs noms, furnoms, titres & quartiers, par J. B. Maurice , *in-folio. La Haye* , 1665. fig.

*Ce Livre eft affez rare.* M. Debure *annonce* RARE *l'édition de 1667.*

Braffeur , Sancta Sanctorum Hannoniæ , feu Sanctarum ejuf-dem Provinciæ reliquiarum Thefaurus , *in-12. Mont.* 1658.

——— SS. Folliani , Ep. & M. & Siardi , Abb. vitæ cum origine monafterii S. Folliani , & appendice de Sanctis fecunda & paubriralia & 1100 Virg. Societate.

——— Vita S^ti. Ghifleni , cum ejus ecclefiæ aliquot SS. pa-negyri & antiquitatum monafterii Syntagmate. -- Ejufdem diva Virgo Camberonenfis : ejufdem Cœnobii quidam Sancti. -- Reliquiæ , abbates omnes , variique magnates in ea fepultæ.

——— Sancti Vincentii fundatio & primi Abb. Altimon-tenfis vita cum Martyrio S. Marcelli , papæ , necnon Al-timontii per Hungaros deftructione cum arbore Sanctorum dicti monafterii & abbatum ferie.

——— omnium Hannoniæ Cœnobiorum , *in-12. Mont.* 1650.

*Ce dernier Ouvrage eft rare , & fe vend* L. 12 -
*Les précédens ne font guere recherchés.*

Brabantia Mariana tripartita à Wichmans, *in - 4°. Antv.*
Cnobbaert, 1632.          L. 15 -

*Cet Ouvrage eft rare, il eft très-bien imprimé, & fe trouve à la Biblio-*
*theque de S. Denis.*

Bruxelles illuftrée, 2 vol. *in-8°.* fig. 1780.

*Ouvrage nouveau & peu recherché.*

Bucheri ( Ægidii ) Belgium Romanum, ecclefiafticum & civile, in quo hiftoria occidentalis univerfa, Conftantini ad
Chrifti fidem, in Belgicâ converfio, Rom. Imp. in Occi-
dente cafus ac ruina, Francifci in Gallia regni fucceffio
continentur, *in-folio. Leodii,* 1655.

*Ce Livre eft rare, & fe vend*          L. 40 -

Buzelini ( Joan. ) Gallo - Flandria facra & profana, *in - 12.*
Duaci, 1625.

*Il fe trouve peu fouvent.*

# C.

CAMPAGNE de Namur, *in-8°*. 1695.      L. 2 -

*J'ai vu un exemplaire de cet Ouvrage chez M.* Dufour *à Maeſtricht, auquel on avoit joint*

Campagne de Lille en Flandre, *in-8°*, 1709.—— Relation de la campagne de Tannieres. —— Journal du ſiege de Tournai, & de la bataille de Malplaquet, *in-8°. La Haye*, avec plans, velin.      12 -

Campagne de Louis, prince de Condé, en Flandres, en 1674, par Carlet de la Roziere. *Paris, in-12*, 1675, avec cartes.      4 -

*Ce Livre eſt rare, quoique mince.*

Campagnes ( les glorieuſes ) de Louis le grand, où Deſcriptions & plans des batailles, des ſieges & des villes, avec les portraits des princes, des généraux &c., depuis la bataille de Rocroi juſqu'à la priſe de Namur en 1692; par Sébaſtien Pontault, chevalier de Beaulieu; 3 vol. *in-folio*, forme d'Atlas.

*Cet Ouvrage bien exécuté, vaut 300 liv.; on le trouve rarement.*

Camurinus de Bello Belgico, *in-4°. Col. Agrig.* 1611.    12 -

*Ce Livre fut vendu à la Bibliotheque de M.* Picke.

Canones & Decreta Concilii provincialis Cameracenſis, accedunt acta, res geftæ ac ceremoniæ & orationes quæ in illo habitæ fuerunt. *Antv.* 1566, *in-4°.*

Canonicorum Regularium Ordinis S. Auguftini, origines & progreffus per Italiam, Galliam, Belgium, &c. à Mæreo, *in-8°. Col.* 1614.

*Ces deux Ouvrages font peu communs.*

Caraffæ (Caroli) Commentaria de Germania facra, *in-8°. Col. Ag.* ab Egmond, 1639.

*Ce Livre fut vendu une livre à la Bibliotheque de M. de la* V**.

Chaftelains (les) de Lille, leur ancien état, office & famille, enfemble l'état des anciens comtes de la République & Empire Romain, des Goths, Lombards, Bourguignons, François & des foreftiers & comtes de Flandre, avec la defcription de la ville de Lille en Flandre, felon fon ancien état &c., par Floris Vander-Haer. *Lille*, Beys, 1611, *in-4°*, fig.　　　　　　　　　　　　　L. 12 -

*Il fut vendu à la Bibliotheque de M. de la* V**,　　L. 8 - 19

Chriftyn, tabula chronologica five ducum Lotharingiæ, Brabantiæ, Limburgi & gubernatorum eorumdem ducatum, cum fig. *in-4°. Mechl.* 1669.　　　　　　　　　14 -

*Ce Livre eft recherché, & fe trouvoit à la Bibliotheque de M.* Picke.

Chroniicke vande hertoghen van Brabant, Haecht. *Antw.* Plantin, 1612, *in-folio.*　　　　　　　　　　12 -

Chronicon Cameracenfe & Atrebatenfe fivè hiftoria utriufque ecclefiæ, abhinc deferè annis confcripta à Balderico No-viomenfi & Tornacenfi Epifcopo, cum notis Colvenerii, *in-8°. Duaci,* 1615.

*Cet Ouvrage, felon M.* Clément, *eft rare ; il fe trouve à la Bibliotheque royale de France : on le vend dans les Pays-Bas,*      L. 12 - *M.* Delmotte, *avocat, à* Mons, *en* Hainau, *en poffede un ; il fe trouvoit auffi à la Bibliotheque de M.* Picke.

Chronicon Belgicum, Locrii, Atrebati, *in-4°.* 1616.

Chronicon Congregationis Oratorii Domini Jefu apud Belgas, *in-4°. Infulis,* 1740.

*Ces deux Ouvrages ont été vendus à ladite Bibliotheque de M.* Picke.

Chronicon Balduini Avennenfis, five hiftoria genealogica co-mitum Hannoniæ, à Le Roi. *Antv.* 1693.

*Cet Ouvrage eft peu commun, felon* Clément.

Chronicum ducum Brabantiæ, *in-4°. Lugd. Bat.* 1707.    15 -

*Ce Livre eft rare.*

Chronique ( La grande ) ancienne & moderne de Hollande, Zélande, Weftfrife, Utrecht &c., jufqu'à la fin de 1600, par J. F. Le Petit. *Dordrecht,* 2 vol. *in-folio,* 1601.

*Cet Ouvrage n'a été vendu que 6 liv. à la Bibliotheque de M. de la V** tandis que fa valeur étoit de 24 liv., & qu'il a été vendu 21 liv. à la vente de la Bibliotheque de M.* Picke.

—— Idem, 1601, *Dordrecht*, Caffini, 4 vol. fig. *veau doré fur tranches.*

*Je ne conçois pas pourquoi cet Ouvrage eſt ici en 4 vol., & qu'il n'ait été vendu que 10 liv. à la Bibliotheque de Mad. de Pompadour.*

Chroniques des ducs de Brabant, par Barlande, *in-folio*, fig. & portraits. *Anvers*, 1612.                L. 16 -

—— Idem, *in-4°. Anvers*, 1603.                8 -

*Ces deux formats ſont rares.*

Chroniques & Annales de Flandres, depuis Lideric de Buc, 1er comte de Flandres, juſqu'en 1477, par d'Oudegherſt, *in-4°. Antv.* Plantin, 1571.                30 -

*Ce Livre n'a été vendu que L. 11 - 1 à la Bibliotheque de M. Delaleu, & 16 - 10 à celle de M. du Fayt.*

—— Idem, 1551.

—— Idem, 1570.

—— Idem, 1571. *Antv.* 2 vol. *in-4°.*

*Cette derniere édition a été vendue 10 liv. à la Bibliotheque de Madame de Pompadour.*

Chroniques de Flandre, *depuis l'an 792 juſqu'en 1384*, an-ciennement compoſées par un auteur incertain, & miſes en lumiere, *& continuées juſqu'en 1438*, par Denis Sauvage, *in-folio. Lyon*, 1562.                14 -

Chroniques de Flandre , *depuis 792 jusqu'à 1435* , avec les Mémoires d'Olivier de la Marche, *depuis 1435 jusqu'à 1499,* in-folio. *Lyon* , 1561.   L. 21 -

—— Idem , *Lyon* , Rouillé , 2 vol. 1562.   6 - 5

*Ce Livre a été vendu à ce prix à la Bibliotheque de Mad. de* Pompadour.

Chroniques & Annales de France dès l'origine des François, & leur venue ès Gaules, par N. Gilles, augm. par Belleforeſt, avec la continuation de Chappuys, juſqu'en 1559, *in-folio. Paris* , 1600.   42 -

*Ce Livre eſt rare.*

Chroniques ( les grandes ) de France , d'Angleterre , d'Ecoſſe, d'Eſpagne , de Bretagne , de Gaſcogne , de Flandres & lieux circonvoiſins , depuis l'an 1326 juſqu'en 1400 , par Froiſſart, & continuée juſqu'en 1498 , par un anonyme , 4 vol. *in-folio.* got. ſans date.   150 -

*Cette édition eſt la plus recherchée , elle eſt originale. -- Il s'en trouvoit un exemplaire ſur velin bien conſervé & décoré de figures peintes en or & en couleurs , à la Bibliotheque de M. de Gaignat.*

*J'en connois une édition de 1518 , car. got. Ce même Livre a été corrigé & revu par Denis Sauvage, 2 tom. en 4 vol. Lyon , 1559 ; elle eſt recherchée par ſa beauté , quoiqu'elle ne ſoit pas auſſi eſtimée que l'autre. La Bibliotheque de Basle l'a en 1 vol.*

*Cet Ouvrage ne s'eſt vendu que 50 liv. à la Bibliotheque de M. Delaleu. Il ſe trouvoit à celle de M. de Boze , continué juſqu'en 1513.*

*Ce Livre fe trouve auffi à la Bibliotheque de Berne, en 5 vol. grand in-folio, manufcrit, fur velin, très-bien conditionné.*

*M. d'Ofmond en annonce une édition de 1574, 4 tomes qu'on relie en 2 vol. à 15 à 18 livres.*

Chroniques de France, par Enguerrand de Monftrelet, depuis l'an 1400, où finit Froiffart, jufqu'en l'an 1467, avec les Chroniques de Louis XI & de Charles VIII, add. jufqu'en 1498. *Paris*, fans date, 3 vol. *in-folio*, goth.   L. 150 -

*Cette édition qui eft l'originale eft la plus rare & la plus recherchée, parce qu'elle eft la plus belle de toutes les éditions en lettres gothiques ; on les croit plus exactes que celles en lettres rondes, dans lefquelles on dif-tingue celle en 3 vol. in-folio, 1572, à laquelle on a accordé de tout tems le premier rang. Une de la même date, en 2 vol., a été vendue à la Bi-bliotheque de M. Delaleu, L. 53 - 19 ; une autre, fans date, 3 tom. en 2 vol. in-folio, goth. s'eft vendue feulement L. 13 - 19 à la Bibliotheque de M. de la V\*\*.*

*M. d'Ofmond nous donne plufieurs éditions de cet Ouvrage ; la plus chere eft de 40 à 50 liv. Comme les prix font changés !*

Chroniques ( les grandes ) de France, depuis les Troyens jufqu'à la mort de Charles VII, *dites* les Chroniques de S. Denis, 3 vol. *in-folio. Paris*, 1476.        100 -

—— Idem, 3 vol. *in-folio*, 1493.        60 -

—— Idem, continuées jufqu'en 1514, 3 vol. *in-folio*, 1514.        80 -

*La premiere édition eft très-rare & très-recherchée par les curieux ; l1*

C

*feconde eft un peu moins rare, mais mieux exécutée ; & la troifieme plus ample.*

*De cette derniere il exiftoit un exemplaire, imprimé fur velin, à la Bibliotheque de M. de* Gaignat, *& qui eft d'autant plus précieux, qu'il fe trouve décoré de belles miniatures très-bien confervées.*

Chronologia ( facra Belgii ) in duas partes diftributa, prima continet, ordine alphabetico, omnium ferè metropolitanarum, cathedralium &c., altera novarum omnium & quarumdem antiquarum diœcefium feries Epifcoporum, ftudio J. D. L. de Caftillon, *in-12. Brux.* 1719.

*Ce Livre eft affez rare, & fe vend*                       L. 8 -

Chronologie feptenaire de l'hiftoire de la paix entre les rois de France & d'Efpagne, contenant les chofes les plus mémorables advenues en France, Efpagne, Allemagne, Flandres &c., *in-8°*, 1605.

*Ce Livre eft fort rare.*

Civilium apud Belgas bellorum initia & progreffus, & in eam rem remedia prefcripta, accedit Apocalypfis Batavica reformata, 1627.

*Le prix de cet Ouvrage eft de*                       L. 3 -

Commentaires mémorables de Dom Bernardin de Mendoce, des guerres de Flandres & Pays-Bas, depuis l'an 1567, jufqu'à l'an 1577, trad. de l'efpagnol, *in-8°. Paris*, 1591.

*Ce Livre eft rare, & vaut*                       L. 9 -

Commentaires des dernieres guerres en la Gaule Belgique, entre Henri II & Charles V, empereur, & Philippe, roi d'Espagne, depuis 1551 jusqu'en 1554, par Fr. de Rabutin, *in-4°. Paris*, 1555.

*Ce volume-ci n'est pas aisé à trouver : il vaut 12 liv., quoique le prix de M. d'Osmond ne soit que 7 à 8 liv.*

Commentarius de erectione novorum in Belgio Episcopatuum deque iis rebus quæ ad nostram hanc usque ætatem in eo præclarè gesta sunt, auct. Arn. Havensio, *in-4°. Col.* 1709.

Commentarius (Philippi Claverii) de Tribus Rheni alveis & ostiis, item de quinque populis quondam accolis &c., *in-4°.* fig. *Lugd. Bat.* Elzevir, 1611.

Commentarii L. Guicciardin de rebus memorabilibus quæ in Europa, maximè verò in Belgio evenerunt ab anno 1529 ad annum 1560, *in-8°. Antv.* 1566.

*Le même Ouvrage est en italien ; in-4°. Antv. 1565.*

Compendium Chronologicum Episcoporum Brugensium, *in-8°. Brugis*, 1731.

Concilium Provinciale Cameracense, Montibus Hannoniæ habitum, anno 1586, *in-8°. Montibus*, 1587.

———— Idem, *in-12. Duaci*, 1628.

# D.

Decreta & ftatuta Synodi Gandavenfis, *in-8°. Gandavi* , 1614.

Decreta & ftatuta Synodi Mechlinienfis. *Antv. in-8°* , 1571.

—— Idem , 1608.

Decreta Synodi Antverpienfis , *in-8°. Antv.* 1610.

Decreta Synodi Namurcenfis , *in-4°. Namurci* , 1639.

—— Idem , *in-4°. Brux.* 1660.

Déduction ( la ) de l'innocence de Philippe baron de Mont-
morenci , comte de Hornes , admiral du Pays-Bas , avec
les pieces juftificatives , 2 vol, *in-8°.* 1568.

*Cet Ouvrage eft fort rare, & vaut*                    L. 12 -

Delfii ( Ponti Heuteri ) rerum Belgicarum libri quindecim
quibus defcribuntur pace belloque gefta in Belgio , à Ma-
ximiliano I Cæfare , à Philippo I Caftellæ Rege , à Ca-
rolo V & à Philippo II , *in-4°. Antv.* 1598.          15 -

—— Opera hiftorica omnia de rebus à Principibus Bur-
gundis atque Auftriacis qui Belgis imperarunt pace belloque præclarè geftis , de vetuftate & nobilitate Familiæ
Habspurgicæ & Auftriacæ & de veterum ac fui fæculi
Belgio , *in-folio. Lov.* 1643.

———— Idem , *in-4º. Antv.* 1600.

———— Idem , *in-folio. Antv.* 1598.

———— Rerum Burgundicarum libri VI , *in-folio. Antv.* 1584.

Délices du Pays - Bas , 5 vol. *in-8º.* fig. nouv. édit.  L. 24 -

*Ce Livre a été donné en premier lieu en 4 vol. par le chancelier* Chryſtin ,
*Brux. 1743 ,* Debure ; *augm. par* Foppens , *libraire , & en dernier lieu par
le P.* Griffet , *jéſuite. Tel eſt le ſentiment de pluſieurs ſur cet Ouvrage. ——
Le mien eſt que ce Livre a paru en 1 vol. petit in- 12 , en 1697 ; que*
Dobbeleer , *libraire à* Bruxelles , *en eſt l'auteur , & qu'il l'a dédié à* J. P.
Chryſtin *qui y a travaillé , & l'a publié en 3 vol. in-8º ,* Brux. *1711 ;
que* Foppens *l'ayant augmenté , il l'imprima en 4 vol. en 1743 ; & ce
fut en 1769 que le P.* Griffet *le corrigea & l'augmenta d'un volume , que*
Baſſompierre , *à* Liege , *imprima.*

*Cet Ouvrage contient la deſcription des XVII Provinces des Pays-Bas.
J'ai la premiere édition ; & la ſeconde ſe trouve à la Bibliotheque de l'Abbaye
de S.* Denis.

Délices du Brabant & de ſes campagnes , enrichis de 200
   très-belles figures , par M. Caſtillon , 4 vol. *in-8º. Amſt.*
   1757.                                                    24 -

*Cet Ouvrage eſt rare , quoique MM.* Changuion d'Amſterdam ; *& Mé-*
toyer *à* Beſançon *l'annoncent ſur leurs Catalogues.*

Délices du Pays de Liege , ou Deſcription des monumens
   ſacrés & profanes , 5 vol. fig. *in-folio. Liege ,* 1738. 200 -
   *Ce Livre devient rare.*

   *Quoique les Ouvrages ſuivans ne concernent pas les Pays - Bas , je les*

*donne , parce que les amateurs en recherchent souvent la collection , qui est difficile à trouver ; & dont les volumes se vendent*      L. 6 -

Délices de Rome ancienne , 4 vol.

———————— moderne , 6 vol.

——— de la France , 3 vol.

——— de la Grande - Bretagne , 8 vol.

——— de la Suisse , 3 vol.

——— de la Hollande , 2 vol.

——— de Leyde.

*Il se trouve différentes éditions de ces Ouvrages, toutes estimées & enrichies d'un grand nombre de figures.*

Deliciæ Gallio-Belgicæ Silvestres à N. J. de Necker , 2 vol. *in-8°. Arg.* 1773.      L. 6 -

Descriptio Germaniæ utriusque &c. à Nuerario &c. *in - 8°. Antv.* 1585.

Descriptio topographica ( Mic. Aitsingeri Leonis magni ) historica rerum in Belgio gestarum plena, Fr. Hogenbergii artificiosis mappis & figuris. *Col. in-folio*, 1581.

*Cet Ouvrage, selon M. Clément, est peu commun. Il n'a été vendu que 6 liv. à la vente des Livres de M. de la V\*\*. Edit. de 1583.*

Descriptio Belgii, per Guicciardin. *in-folio.*      12 -

Defcription de tous les Pays - Bas, par Louis Guicciardin, trad. en franç. avec des remarques par Pierre du Mont, & des fig. en taille-douce. *Arnhem*, Janfz, *in-4ᵉ oblongo*, 1613.

*Il a été vendu à la Bibliotheque de M. de la V\*\*.*  L. 2 - 10

———— Idem, *in-folio. Anvers*, 1567.

———— Idem, *augmentée plus que de moitié par l'Auteur*, in-folio. *Anvers*, 1582.

———— Idem, *Amfl.* 1609.

———— Idem, *Paris*, 1568.

*Cette derniere édition eft la préférée ; elle a le mérite d'avoir les cartes géographiques & les vues des villes bien exécutées.*

*L'édition de 1582, d'Anvers, fe trouve à la Bibliotheque de S. Denis, avec les cartes enluminées.*

*C'eft Belleforeft qui a traduit cet Ouvrage de l'italien.*

Defcription ( briefve ) des Pays-Bas, principalement du Brabant, *fe trouve à la fin d'un volume in-folio intitulé :* Etats des Empires du Monde, *Paris*, 1630, *qui eft à la Bibliotheque de Basle.*

Defcription de la Gaule Belgique felon les trois âges de l'Hiftoire, l'ancien, le moyen & le moderne, avec des cartes de géographie & de généalogie, par le P. Waftelain, *in-4°. Lille*, 1761.  L. 5 -

———— Idem, *in-folio.*  12 -

Defcription hiftorique du duché de Brabant, *in-12*, 1756.

Defcription de la ville de Bruxelles.

Defcription du Jubilé du S. Sacrement de Miracles à Bruxelles.

Defcription de la ville de Louvain.

   *Ces quatre articles font communs.*

Defcription & repréfentation de toutes les victoires, tant par mer que par terre, lefquelles Dieu a octroyées aux Nobles, Hauts & Puiffans Seigneurs les Etats des Provinces - Unies fous la conduite de Maurice de Naffau, *in-folio. Leyden.*      15 -

   *Ce Livre eft rare : il eft connu fous le titre des* Lauriers de Naffau.

Defcription hiftorique de Dunkerque, par Faulconnier, *in-folio. Bruges*, 1730, avec fig.

   *Cet Ouvrage a été vendu à* Gand *12 liv. à la vente des Livres de M.* Picke, *tandis qu'il a été vendu L. 16 - 4 à celle de Madame de* Pompadour.

Difcours des Hiftoires de Lorraine & de Flandre, *in-8°*, 1552.

Differtatio hiftorica fit ne Tornacum Urbs Nerviorum eorumve Metropolis, *in - 8°*.

Divæi de Galliæ Belgicæ antiquitatibus liber ftatum ejus, quem fub Romanorum imperio habuit, complectens : accedit H. Nuenarii de Gallia Belgica Commentariolus, *in-8°. Antv.* 1584.

# E.

ESTAT (l') des Provinces - Unies des Pays - Bas , trad. de l'anglois du chevalier Temple , en françois par le Sr. le Vaſſeur. *Paris ,* 2 tom. en 1 vol. *in-8° ,* 1674.

*Cet Ouvrage a été vendu à la Bibliotheque de M. de la* V** *, L. 1 - 17 , & 1 - 8 à celle de Madame de* Pompadour.

Etat ( nouvel ) politique de l'Europe , ou le Mercure des Pays - Bas , par M. de Maupert , *in - 8° ,* 6 vol. *Francf.* 1760.                                        L. 20 -

*Ce Livre eſt très - rare , on le recherche beaucoup.*

Etat des Provinces - Unies , & particuliérement de la Hollande , & leurs vrais intérêts ; *in - 12. Holl.*        4 -

Etat préſent de la République des Provinces - Unies & des pays qui en dépendent , par Janiçon ; 2 vol. *in-8°.*   8 -

Etat armorial de la Nobleſſe , Chevalerie & dignités accordées par S. M. I. R. A. depuis ſon avénement au trône juſqu'aujourd'hui , *in-8° ,* avec blaſons.        5 -

*Quoique nouveau , ce Livre eſt d'une grande rareté.*

Expoſition des trois Etats du Pays & Comté de Flandre , ſavoir , du Clergé , de la Nobleſſe & des Communes , *par P. de Zaman ;* in - 8° , 1711.                    4 -

*Cet Ouvrage eſt commun.*

D

# F.

FAMIANI Stradæ de Bello Belgico ab exceſſu Caroli V uſque ad ann. 1590, 2 vol. *in-folio. Romæ*, 1632.

*Edition originale, fort eſtimée & très-rare. Le P. Strada étoit Romain ; il n'a jamais vu les Pays-Bas, mais il s'eſt ſervi de fideles Mémoires tirés du Cabinet du duc de* Parme. *Il eſt à remarquer que la plus grande partie des réimpreſſions ne s'accordent point avec cette premiere édition.*

Faſti Academici ſtudii generalis Lovanienſis, in quibus origo & inſtitutio Academiæ, &c. *Lovanii, in-4°*, 1636.

*C'eſt la premiere édition ; elle eſt très-rare.*

Ferreoli Locri Chronicon Belgicum, ab anno 258 ad 1600, 3 t. 1 vol. *in-4°. Atrebati*, 1616.

Flandre illuſtrée par l'inſtitution de la Chambre du Roi, à Lille, l'an 1385, &c., par J. de Seur ; *in-8°*, 1713. L. 6 -

*Ce Livre eſt recherché.*

Flandre ( la ) conſervée, contenant un diſcours des deſſeins & événemens de l'armée rebelle en l'année 1600, *in-8°. Arras*, 1600.

*A la vente des Livres de M. de la* V**, *cet Ouvrage n'a été vendu que L.* 1-6.

Flandria generoſa ſeu compendioſa ſeries genealogiæ Comitum Flandriæ, cum eorumdem geſtis heroïcis, ab anno 792 uſque ad 1212, *in-4°. Montibus*, 1643.　　　　12 -

Fragmens généalogiques ſur les Pays-Bas, 3 vol. *in-12.*

*Cet Ouvrage eſt très-rare & recherché. Il n'eſt pas permis de le vendre. On le continue ; il eſt orné d'armoiries.*

# G.

GALLORUM ( de ) imperio & philofophia libri feptem, authore Stephano, *in-4°. Paris*, 1780.

Gallucii ( Angeli ) Commentarii de Bello Belgico, ab 1593 ad 1609. *Romæ*, 2 vol. *in-folio*, 1671.

*Cet Ouvrage doit être annexé à* Strada de Bello Belgico : *il peut être re-gardé comme fa Continuation, mais il eſt plus rare.*

Genealogia Ducum Burgundiæ, Brabantiæ, Flandriæ, Hol-landiæ, ab Hectore Trojano ufque ad Carolum V, *in-8°. Argentinæ*, 1529.

*Ce Livre rare ſe trouve à la Bibliotheque publique de* Bafle.

Généalogie de la Maiſon du Chaſteler, avec les preuves ; *in-folio mince. Brux.* 1768.

Généalogies des Comtes de Flandre , depuis Baudouin, bras de fer, jufques à Philippe IV, Roi d'Efpagne, repréfentées par plufieurs figures des fceaux & divifées en 22 tables, par Olivier de Wrée, 2 vol. *in - folio. Bruges*, 1641 & 42.                                                L. 48 -

Généalogies des anciens Comtes de Flandre, par Balthazar ; *in - folio. Anvers*, 1598.                                   24 -

Généalogies & anciennes defcentes des Foreſtiers & Comtes

de Flandres , avec une defcription de leurs Vies , par
Corn. Martin ; *in-folio*. Anvers , 1608.          L. 28 -

*On trouve rarement cet Ouvrage , & principalement lorfque les blafons*
*font enluminés. Il y a une édition de 1598, moins chere.*

Grotii (Hugonis) annales & hiftoriæ de rebus Belgicis , *in-folio*.
   Amft. Blaev , 1657.                              21 -

*Cette édition eft très-rare & eftimée ; celle de 1658 ne l'eft pas autant ;*
*elle n'a été vendue que L. 1 - 16 à la vente de la Bibliotheque de M. de*
*la V \*\*.*

*Cet Ouvrage , traduit en françois par M. L'Héritier , eft un des meilleurs*
*qui ont paru des troubles des Pays - Bas. Il eft divifé en deux parties ,*
*en Annales & en Hiftoire. Les Annales commencent à l'an 1566 & con-*
*tiennent V Livres ; il y en a XVII à l'Hiftoire , qui commence à l'an 1588,*
*c'eft-à-dire , au tems où le prince Maurice avoit la plus grande influence*
*dans les affaires des Provinces-Unies , & elle finit à l'an 1609 , à la treve*
*de douze ans.*

Guerra ( della ) di Fiandra , defcritta dal Cardinale Bentivoglio , 3 vol. *in-8°. Colonia* , 1633 - 36 - 39.

*Ouvrage rare & eftimé dont l'édition eft belle , & qui a été vendu L. 41-19*
*à la vente des Livres de M. Delaleu. Il y en a une autre édition in-8°*
*qui n'eft pas moins recherchée ; elle eft en 3 vol. Le 1er parut en 1635,*
*le 2e en 1636 , & le 3e en 1640 ; il a été vendu à la même vente , L. 18 -*
*Il y en a une autre de Cologne , en 6 vol. in-8° , de 1635 , qui n'eft pas*
*auffi rare ; elle n'a été vendue que 9 liv. à la Bibliotheque de Madame de*
*Pompadour.*

*Je n'ai pu m'empêcher de donner une connoiffance de cet Ouvrage , quoi-*
*qu'en une autre langue de celles que j'ai adoptées pour ce Recueil.*

Guerres de Flandre & des Pays-Bas, depuis l'an 1567 jufqu'à 1599, par Demendore. *Paris*, 1611.

Guerre d'Efpagne, de Baviere &c., de Flandre, ou Mémoires du Marquis de * *, 2 vol. *in-12*, fig. *Cologne*, 1708.　　　　　　　　　　　　　　　　　　　　L. 6 -

Guicciardin. --- Voyez *Defcriptio* & *Defcription des Pays-Bas.*

*Ce même auteur a donné l'*Hiftoire d'Italie, *en 1568, & l'*Hiftoire des Guerres d'Italie, *en 1577, en 2 vol. in-folio : cet Ouvrage eft affez eftimé, il fe vend 24 liv. — Les* Guerres d'Italie *font auffi en 2 vol. in-8°, de 1593, qui fe vendent*　　　　　　　　L. 10 -

Guillaume de Naffau, ou la Fondation des Provinces-Unies, par M. Bitaubé. *Paris*, *in-8°*, fig. 1775.　　4 -

# H.

HARÆI annales ducum feu principum Brabantiæ, &c. 3 t. en 2 vol. *Antv.* Plantin, 1623.     L. 48 -

*Ce Livre eft peu commun, il eft orné de portraits.*

Het Twefde Deel der Nederlandftche Oorlogen door F. Strada, 2 vol. *in-8°*, 1655.     8 -

*La beauté de l'exécution de cet Ouvrage m'a fait décider d'en donner le titre.*

Hiftoire de la guerre de Hollande, depuis 1672 jufqu'en 1677; 2 vol. en un, *in-12. La Haye*, 1689.

Hiftoire métallique de la République de Hollande, avec les principales médailles & leurs explications, par M. Bizot; 3 vol. *in-8°. Amft.* 1688.     20 -

———— Idem, *in-folio*, 1687.

*Ce Livre eft rare & recherché.*

*L'edition in-folio de Paris, Hortemels, 1687, fig. m. r. n'a été vendue que L. 6 - 2 à la Bibliotheque de Madame de Pompadour.*

Hiftoire des Comtes de Hollande & du gouvernement des Pays - Bas, *in-12. Paris*, d'Houry, 1677.

*Il fut vendu L. 1 - 17 à la vente des Livres de Madame de Pompadour.*

Hiftoire journaliere de tout ce qui s'eft paffé de plus remarquable en l'armée de Meffieurs les Etats fous la conduite du Prince d'Orange, *in-8°. Paris*, 1632.

*J'ai vu ce Livre à la Bibliotheque de Bafle.*

Hiftoire de la République des Provinces-Unies des Pays-Bas, 4 vol. *La Haye*, 1704.

*Il fe trouvoit à la vente de M. Picke, ainfi que le fuivant.*

Hiftoire abrégée des Provinces-Unies des Pays-Bas, *in-folio*, fig. *Amft.* 1701.

Hiftoire générale des Provinces-Unies, par MM. Dujardin & Sellins, 8 vol. *in-4°*, ornés d'un grand nombre de cartes & fig. *Paris*, 1757-1770.                L. 140 -

Hiftoire des Provinces-Unies des Pays-Bas, par M. de Wicquefort, 2 vol. *in-folio. La Haye*, 1729.

——— Idem, 1719.

*M.* Changuion *l'annonce en 3 vol.*

Hiftoire des Provinces-Unies des Pays-Bas, depuis la naiffance de la République jufqu'à la paix d'Utrecht, avec médailles &c., par M. Le Clerc; 3 vol. *in-folio. Amft.* 1723.                                                80 -

——— Idem, 2 vol. *Amft.* 1737.                    60 -

——— Idem, 3 vol. *Amft.* 1728.                    70 -

*M.* d'Ofmond *annonce cette édition à la moitié.*

——— Idem, 3 vol. *Amft.* 1735.                    67 -

*M.* Debure *annonce celle de 1728; celle de 1735 a été vendue au prix que je fixe, à la Bibliotheque de M.* Delaleu; *elle vaut plus, d'autant qu'on y a joint les figures des principaux événemens par* B. Picart. *L'édition de 1723 se trouve tantôt en 2 vol. & tantôt en 4 vol., comme l'annonce* M. Changuion : *je crois que c'est la même, je ne connois que celle en 3 vol.*

Histoire abrégée de la réformation des Pays-Bas, trad. du hollandois de G. Brandt ; 3 vol. *Amst.* 1730.　　　L. 12 -

Histoire métallique des XVII Provinces des Pays-Bas, depuis l'abdication de Charles-Quint jusqu'à la paix de Bade en 1716, trad. du hollandois de M. Gerard Van-Loon ; 5 vol. *in-folio*, fig. *La Haye*, 1732 - 7.　　　100 -

*Ce Livre n'est pas rare & se donne à très-bon compte.*

Histoire ( la vraie & entiere ) des troubles & guerres civiles advenues de nostre tems pour le fait de la Religion, tant en France qu'en Flandre & pays circonvoisins, depuis 1560 jusqu'en 1582, par Jean le Frere de Laval ; *in-8°. Paris*, 1584.

Histoire des Pays-Bas, ou Recueil des choses mémorables advenues tant ès dits pays qu'en pays voisins, depuis l'an 1315 [1415] jusqu'en 1612, trad. du flamand de Meteren, par J. de la Haye ; *in-folio*, fig. *La Haye*, 1618.　　80 -

Histoire des Révolutions des Pays-Bas depuis l'an 1559 jusqu'en 1584, 2 vol. *Paris*, 1727.　　　8 -

*Cet Ouvrage n'a été vendu que* L. 1 - 10 *à la vente de Madame de* Pompadour. M. Changuion *annonce une édition de* Paris, *de 1763.*

Histoire

Hiftoire militaire de Flandre , depuis l'année 1690 jufqu'en 1694 , publiée fur les Mémoires de M. Vältier & de M. le maréchal de Luxembourg , avec des cartes géographiques , des plans de villes , de batailles &c. , par le chevalier de Baurian ; 3 vol. *in-folio. Paris*, 1756.

———— Idem , 4 vol. *in-folio* , dont 2 de planches enluminées. *Paris*, 1776.                                    L. 120 -

*Il y en a une autre édition de 1755, qui ne fe vend communément que L. 100 -*

Hiftoire de la Campagne de M. le prince de Condé en Flandre , en 1674 , précédée d'un tableau hiftorique de la guerre de Hollande jufqu'à cette époque , ouvrage enrichi de plans & de cartes , par le chevalier de Baurian ; *in-folio. Paris.*                                    80 -

Hiftoire générale de la guerre de Flandre , par Chappuys ; 2 vol. *in-folio. Paris*, 1633.                    12 -

*Cette édition contient les fieges de Bréda, Grol, Bois-le-Duc &c. , & eft peu eftimée , de même que l'édition de 1632 qui eft in-4°, fans les fieges , & qui commence en 1559 jufqu'en 1632.*

Hiftoire de la guerre de Flandre , par Strada ; *in-folio. Paris*, 1651.                                    12 -

———— Idem , 1650.

*Ce Livre affez rarè fe trouvoit à la Bibliotheque de M. Picke. Ce même Ouvrage a été traduit par du Ryer , & imprimé en 2 vol. in-4°, avec fig.*

E

Lille , *1687 , dont le prix eſt de 20 liv. , ainſi qu'à* Tournai *, 2 vol. du même format , en 1651 : cette édition ſe trouve à la Bibliotheque de l'Abbaye de* S. Denis. *Il y en a deux éditions de* Bruxelles *, la premiere qui eſt la meilleure , la plus rare & la plus eſtimée , eſt en 3 vol. in - 12 , avec fig. & portraits , de 1712 , & ſe vend 20 liv. , & l'autre en 4 vol. eſt de 1729. Il y en a une autre de* Lyon *, 1676 , en 5 vol. avec le Supplément , de même qu'une de* Paris *, en 6 vol. 1675 , qui ſe vendent l'une & l'autre 24 liv. Le Supplément qui contient les Mémoires du duc d'*Albe *, eſt en 2 vol. in-12 , & ſe vend 6 liv. ; il a été imprimé ſéparément & annoncé ſous différens titres.*

*M. d'*Oſmond *en donne une édition de* Paris *in-12 , 1712 , 10 à 12 liv. , je crois qu'il ſe trompe & qu'elle eſt de* Bruxelles.

Hiſtoire des guerres de Flandre , par le card. Bentivoglio, trad. de l'italien , par M. L'Oyſeau ; 4 vol. *in-12. Paris*, 1770.                                                 L. 12 -

——— Idem , *Liege.*                                            10 -

Hiſtoire des guerres de Flandre, par Baudier ; *in-4°. Paris*, 1618.                                                   12 -

*Cet Ouvrage eſt peu commun , & ſe trouvoit chez M.* Picke.

Hiſtoire des troubles & guerres civiles du pays de Flandre. *Lyon* , 1584.

Hiſtoire de Flandre & des guerres civiles des Pays - Bas , depuis le départ de Philippe II en Eſpagne , *in-folio. Paris* , Poupie , 1581.

*Il a été vendu 4 liv. à la vente de Madame de* Pompadour.

Hiſtoire ( l' ) & plaiſante Chronique de noble & vaillant Baudouyn, Comte de Flandre, lequel épouſa le diable, *in-4°. Paris*, gothique, avec fig.

*Cette édition eſt rare, & n'a pas de prix.*

Hiſtoire générale de l'Europe, compoſée par Robert Macquereau, ſous le titre de Traiĉté & recueil de la Maiſon de Bourgoigne, en forme de Chronique, lequel commence à la nativité de Charles V, contenant l'eſpace de 27 années &c., *in-4°. Louv.* Imp. Ac. 1765.            L. 6 -

Hiſtoire & Chroniques de France, de l'origine des François, & leurs venues ès Gaules, par Paul Emyle ; *in-folio. Paris*, 1602.

*Cette édition eſt rare ſelon M.* Clément.

Hiſtoire des choſes les plus mémorables advenues en Europe depuis l'an 1130 juſques à notre ſiecle, digérées & narrées ſelon le tems & ordre qu'ont donné les Seigneurs d'Enghien juſques au trépas funeſte de Henri IV, Roi de France & de Navarre, cinquieſme & dernier Seigneur dudit Enghien, par P. Colins ; *in-4°. Tournai*, 1643.

*Cet Ouvrage eſt recherché & ſe trouve rarement ; il contient principalement les choſes arrivées dans les Pays-Bas, & ſe vend communément 20 liv. La Bibliotheque hiſtorique de la France en parle, & M. Clément fait mention d'une édition de Mons de 1634, qu'il dit rare. Il y en a une autre de la même ville, de 1734 ; je crois cette date fauſſe.*

E 2

Hiſtoire critique de l'établiſſement des Francs dans les Gaules, par du Bos, 4 vol. *in-8°. Paris*, 1742.

Hiſtoire du Hainaut, par le P. Delwarde, 6 vol. *in - 8°. Mons*, 1718.

*Ce Livre qui ſe vend 15 liv., ſe trouve encore à l'Oratoire de Mons, mais en petit nombre.*

Hiſtoire de la ville de Mons ancienne & nouvelle, par Gilles Joſeph de Bouſſu; *in-4°. Mons*, 1725.                6 -

*On croit cet Ouvrage rare; il ne l'eſt pas, & ſe trouve en nombre chez M. Léop. Varret, libraire, ainſi que les deux ſuivans.*

Hiſtoire de la ville de S. Ghiſlain, par le même; *in - 8°. Mons*, 1737.                3 -

Hiſtoire de la ville d'Ath, par le même. *Mons*, 1750, *in - 8°.*                3 - 10

Hiſtoire du Comté de Namur, par le P. de Marne, n. éd. augm. de la Vie de l'Auteur, avec quelques remarques, par M. Paquot; 2 vol. *in-8°. Brux.* 1780.

——— Idem, *Liege*, 1754.

*Je crois que cette édition eſt la premiere.*

Hiſtoire chronologique des Evêques & du Chapitre exempt de l'Egliſe Cathédrale de S. Bavon à Gand, ſuivie d'un Recueil des Epitaphes modernes & anciennes de cette Egliſe, 2 vol. *in-8°. Gand*, 1772.                12 -

*Le ſecond vol. eſt ſous le titre de Supplément imprimé en 1777.*

Hiſtoire de la Ville & Comté de Valenciennes, par H. d'Ou-
treman, & augm. par Pierre; *in-fol. Douai,* 1639. L. 30 -

*M. Debure l'annonce rare; malgré cela, il n'a été vendu que 5 liv. à
la Bibliotheque de Madame de* Pompadour.

Hiſtoire généalogique des Pays-Bas, ou Hiſtoire de Cambrai
& du Cambreſis, contenant ce qui s'y eſt paſſé ſous les
Empereurs & Rois de France & d'Eſpagne, enrichie de
généalogies, éloges & armes des Comtes, Ducs &c.,
par J. le Carpentier; 4 t. en 2 vol. *in-4°. Leyde,* 1664.

*On fait cas de cet Ouvrage qui eſt rare & qui vaut 80 liv. M. d'Oſmond
ſe trompe en fixant ſon prix 18 à 20 liv. lorſqu'il eſt complet. On a cru
qu'il y en avoit eu une ſeconde édition en 1688, mais il n'y a à cette date
que le titre changé; pour être complet, il faut les généalogies des trois familles qui ont été données après l'édition & qui doivent ſe trouver à la
page 1096, en outre une grande planche en taille-douce qui repréſente la
tenue des Etats de Cambreſis; ainſi que pluſieurs blaſons de différentes familles, ſur feuilles ſéparées.*

Hiſtoire eccléſiaſtique des Pays - Bas, contenant l'ordre &
ſuite de tous les Evêques de chaque diocéſe, avec un
riche recueil de leurs faits plus illuſtres & les fondations
des Egliſes, Abbayes, Prieurés, Monaſteres, Colleges &c.,
par Guil. Gazet, & miſe au jour par Guil. Moncarré;
*in-4°. Arras,* 1614.　　　　　　　　　　　10 -

―――― Idém, *Valenciennes,* même date.

*Ce Livre n'a été vendu que L. 6 - 4 à la Bibliotheque de M. de la* V**.

Hiſtoire eccléſiaſtique & civile de la ville de Cambrai &
du Cambreſis, par M. Dupont; 3 vol. *broc.*     L. 6 -

*Cet Ouvrage ſe trouve en nombre chez* Berthoux, *libraire, à* Cambrai.

Hiſtoire ( vénérable ) du T. S. Sacrement de Miracle, *in-8o.*
1ere édit. *Brux.* 1720, avec fig.

*Cet Ouvrage par de* Caſmeyer *a été imprimé in-folio, la même année;
il ſe trouvoit à la Bibliotheque de M.* Picke. *Il a été réimprimé, in-8°,
en 1770.*

Hiſtoire véritable des Martyrs de Gorcum, par Eſtius; *in-8°.*

Hiſtoire eccléſiaſtique & civile du Duché de Luxembourg,
& Comté de Chiny, par le R. P. Jean de Bertholet;
8 vol. *in-4°. Luxembourg,* Chevalier, 1742, avec cartes,
portraits & blaſons.

*Cette Hiſtoire n'eſt guere eſtimée; elle ne vaut que*     L. 30 -

Hiſtoire de Notre-Dame de Luxembourg, par un Pere de
la Compagnie de Jeſus; *in-8o. Luxembourg,* 1724.   1 - 10

Hiſtoire des Saints de la province de Lille, Douai, Orchies
&c., *in-4°. Douai,* 1638.

Hiſtoire de la Vie de Ste. Aldegonde, fondatrice du Chapitre & patrone de Maubeuge, *in-8°. Arras,* 1622.   2 -

Hiſtoire de la Vie de Mlle. Badar, fondatrice & premiere
Supérieure de la Congrégation des Filles de la Sainte-
Famille à Valenciennes, *in-8°. Liege,* 1726, avec portr.

Hiſtoire du Stadhouderat , depuis ſon origine juſqu'à préſent ,
par M. l'abbé Raynal ( 4ᵉ édit. ). *La Haye* ( *Paris* ) ,
1748 , *in-12.*

*Il s'eſt trouvé à la Bibliotheque de M. Boze , un exemplaire de cet Ou-*
*vrage tiré ſur papier grandeur in-4°.*

Hiſtoire de la fourberie de Louvain , *in-8°,* 1710.

Hiſtoire de la Ligue de Cambrai , 2 völ. *in-8°. La Haye ,*
1710.                                                L. 5 -

*Cet Ouvrage eſt aſſez rare.*

Hiſtoire de l'Empereur Charles-Quint , trad. de l'eſpagnol de
Don Jean de Vera & Figueroa , par le Sr. du Perron ,
le Hayer , *in-12. Brux.* 1667.

*Ce Livre eſt rare , & vaut 6 liv. ; il a été vendu 5 - 1 à la vente de*
*M. du Fayt.*

Hiſtoire de l'Empereur Charles V , trad. de Robertſon ; 6 vol.
*Paris ,* 1770.                                       15 -

—— Idem , *Amſt.* 1771.

*Ce Livre eſt commun.*

Hiſtoire de Louis XI , ou la Chronique ſcandaleuſe , 1620.

*Ce Livre n'a point de prix par rapport à ſa rareté , je ne l'ai vu qu'à*
*Gand , à la Bibliotheque de M. Picke. On défend la vente de ces deux*
*derniers Ouvrages.*

Hiſtoire de Louis de Bourbon , 2ᵈ du nom , prince de Condé ,

par M. Deſormeaux; 2 vol. ornés de planches, *in - 12.*
*Paris*, 1766.

Hiſtoire de l'archiduc Albert, Gouv. Gén. & puis Prince
ſouver. de la Belgique, *in-12.* Cologne 1693.     L. 3 -
*Cet Ouvrage a été imprimé à* Bruxelles *ſous* Cologne; *ſon auteur eſt*
Jean Bruſlé, *dit de* Montpleinchamp.

Hiſtoire du prince d'Orange & de Naſſau, 2 vol. ornés de
plans, *in-12. Lewarde*, 1715.

Hiſtoire de la Vie de Fréderic - Henri de Naſſau, prince
d'Orange, par J. Commelyn; *in-folio*, fig. *Amſt.* 1656.
*Cet Ouvrage a été vendu environ 16 liv. à la Biblioth. de M. de* Cobenzl.

Hiſtoire ſecrete de Marie de Bourgogne. *Lyon*, 1694.

Hiſtoire des ducs de Bourgogne, par Fabert; *Cologne* 1687.

——— Idem, 2 vol. 1689.

Hiſtoire d'Emmanuel - Philibert de Savoye, Gouv. Gén. de
la Belgique, *in-12. Amſt.* 1692.
*J'ai vu ce Livre à la Bibliotheque de l'Abbaye de* S. Denis *en* Hainau.
*L'édition de 1693 a été vendue L. 1 - 10 à la vente des Livres de Ma-*
*dame de* Pompadour. *M. de* Montpleinchamp *en eſt l'auteur.*

Hiſtoire du cardinal de Granvelle, *in-12. Paris* 1692.
*Cet Ouvrage eſt très - eſtimé; il faut y joindre* Mémoires pour ſervir à
l'Hiſtoire du Cardinal de Granvelle, *par un Religieux Bénédictin, Dom*
*Proſper l'Evêque;* 2 vol. *in-12. Paris, 1753.*

Hiſtoire

Hiſtoire du vicomte de Turenne, par l'abbé de Raguenet ;
 *in-12. Amſt.* 1772.

> *Il s'en trouve une édition en 4 vol.*

Hiſtoire du prince Eugene, 5 vol. *in-12. Amſt.* 1740.

> « *Les exemplaires de cette Hiſtoire, ſont, il eſt vrai, ornés de figures*
> » *& ſont très - eſtimés, cela n'empêche pas qu'ils ſoient communs ; comme*
> » *rares, vous les évaluez à 6 liv., & moi, comme faciles à trouver, à 10 liv.*
> » *Nous ne ſommes pas d'accord, Monſieur, vous le voyez* ».
> *Extrait d'une lettre que j'ai écrite à M. De Los-Rios.*

Hiſtoire générale des troubles de Hongrie & de Tranſilvanie,
 par M. Fumée ; *in-4°. Paris*, 2 vol. en un, 1608.

> *La beauté de cet Ouvrage m'en a fait donner le titre.*

Hiſtoire du duc d'Albe, traduite de l'édition latine du marquis d'Aſtorga, impr. à Salamanque en 1669, 2 vol. *in-12.*
 *Paris*, 1699.

> *Cette Hiſtoire eſt recherchée ; on la trouve rarement.*

Hiſtoire généalogique des Maiſons de Guines, d'Ardres, de
 Gand & de Coucy, & de quelques autres familles illuſtres qui y ont été alliées, par Ducheſne ; *in-folio. Pa-*
 *ris*, 1631.                                                  L. 14 -

> *C'eſt à ce prix que cet Ouvrage s'eſt vendu à* Lille*, chez M. l'abbé* Favier :
> *le ſuivant, du même auteur, a paſſé à*                     L. 10 -

Hiſtoire de la Maiſon de Béthune, *in-folio. Paris*, 1639.

Hiftoire de tout ce qui s'eft paffé à l'entrée de la Reyne, dans tous les Pays-Bas, par la Serre ; *in-folio. Anvers*, 1632.

Hiftoria critica Comitatus Hollandiæ & Zelandiæ, fiftens Chronicon Hollandiæ, auct. A. Klvit. *Medioburgi*, 1ᵃ pars 1 vol. 1777. 2ᵃ p. 1 v. 1779. 3ᵃ p. 2 v. 1780.

Hiftoria Belgica , à Sande , *in-8°. Ultrajecti* , 1652.

*Ce Livre fe trouvoit chez M.* Picke, *où l'on en voyoit une édition in-4° d'*Anvers *de 1629. M.* Clément *parle d'une in-8°, de 1586, qu'il dit rare.*

Hiftoria Belgica Burgundi , ab anno 1558 ad 1567, *in-4°. Antv.* 1629.

Hiftoria Luxemburgenfis &c. à Bertelio, *in-4°. Col.* 1605.

*M.* Clément *l'annonce rare.*

Hiftoria facra & profana Archiepifcopatûs Mechlinienfis, à Corn. Van Geftel, 2 vol. en 1 , *in-folio. Hagæ-Com.* 1725 , cum fig.    L. 12 –

Hiftoria de rebus Ecclefiæ Ultrajectenfis , monumentis autenticis roborata variifque differtationibus illuftrata , *in-4°. Brux.* 1725.

—— Idem , *Mechliniæ.*

*L'auteur de cet Ouvrage eft* Hoynck Van Papendrecht

Hiftoriæ Leodienfis univerfæ Compendium. *Leodii*, 1655.

*Ce Livre fe trouve à la Bibliotheque de l'Abbaye de* S. Denis.

# I.

Jacobi Eickii urbium Belgicarum Centuria, *in-4°*. *Antv.* 1651.

Illuftrations de la Gaule Belgique , Antiquités du pays de Hainault & de la grande Cité des Belges ( *trad. du latin du Sr. Deguyfe, par J. Leffablée* ), 3 t. en 1 vol. *in-folio.* *Paris* , 1531. L. 40 -

*Cet Ouvrage eft rare ; on le voit fous le titre de* Illuftrations de Gaule & Singularités de Troyes, par J. le Maire de Belges , *avec plufieurs autres œuvres du même auteur , in-4°. Paris , 1548.*

*Cet Ouvrage regarde principalement le* Hainau. *L'original eft écrit en latin , & fe trouve à la Bibliotheque du Roi de France. Il eft bon de joindre à ce Livre : les* Annales de Hainaut ; *alors on aura une hiftoire fort curieufe , intéreffante & complete.*

*Le Cardinal* Dubois *avoit dans fa Bibliotheque un exemplaire de cet Ouvrage imprimé fur velin , avec fig. peintes en or & en couleurs. Il a été vendu L. 17 - 5 à la Bibliotheque de M.* du Fayt, *& 56 à celle de M. de* Cobenzl.

Imago primi fæculi Societatis Jefu , à Provincia Flandro-Belgica ejufdem Societatis repræfentata ( *auct. Follenario, Henfchenio & Bollando , cum verfibus Sid. Orfchii* ); in-folio. *Antv.* Plant. 1640. 60 -

*Ce Livre eft rare. Il a été vendu à différens prix aux Bibliotheques des Jé-fuites dans les Pays-Bas.*

*Il eft principalement recherché par rapport à la beauté de l'exécution des figures emblématiques qu'il contient.* M. d'Ofmond *ne l'évalue que* 25 *à* 30 *liv.,* & M. De Los-Rios *à* 31.

Inauguratio Philippi II , Hifp. Regis quam fe juramento Ducatum Brabantiæ & ab eo dependentibus Provinciis obligavit , cum fubftitutione Mariæ gubernatricis , à H. Agylæo , *in-8°. Ultrajecti* , ab Herwych , 1620.

> M. Clément *annonce ce Livré rare.*

Infignia gentilitia equitum ordinis Velleris aurei , à Chiffletio , latinè & gallicè producta , *in-4°. Antv.* Plant. , 1632. 21 -

> *Cet Ouvrage eft rare.*

Journal du fiege d'Oftende , *in-8°* , 1604.

Itinerarium Belgicum , *Col. Agrip.* in - folio , 1587 , *avec* 22 *cartes* & *la defcription des provinces.*

> *Ce Livre eft peu commun ,* M. Delmotte , *avocat à* Mons , *l'a dans fa Bibliotheque ; il vaut*          L. 12 -

Itinerarium per nonnullas Gallicæ Belgicæ partes Abrahami Ortelii & Joannis Viviani, *in-8°* , fig. *Antv.* Plantin, 1584.

Jurifprudentia heroïca , fivè de Jure Belgarum circà nobilitatem & infignia &c. *in-folio* , 1688 , Brux. *avec Supplément qui eft intitulé de méme , à la fuite duquel on trouve :* Den Nederlandfchen Herauld , of te tractaet van Wapenen, en politycken Adel , Door Thomas de Rouck , *Amft.* 1645.

> *Cet Ouvrage eft de* M. Chryftin ; *quoique l'auteur n'y ait pas mis fon*

*nom, il a été connu par un de ses amis, qui l'a décélé par un acrostiche,*
*folio 3, qui commence :*

Clara viri virtus , &c.

*Je ne saurois mieux donner la connoissance de ce Livre qu'en copiant un*
*passage d'une lettre que j'ai écrite à M. De Los-Rios.*

» *Connoissant la Jurisprudentia &c. , je me crois obligé de vous en dire*
» *les différentes valeurs : cet Ouvrage sans la seconde partie , sans le cahier*
» *d'armoiries , se vend 36 liv. environ, quoique M. d'Osmond ne l'évalue*
» *qu'à 15 à 18 liv. ; avec la seconde partie & le cahier contenant 8 , 10 ou*
» *12 feuilles, il se vend 48 liv. : son prix est de 60 liv. s'il s'y trouve 3 ou*
» *4 feuilles de plus ; & lorsque vous l'aurez avec 17 feuilles, sa valeur sera*
» *de 80 liv. Ne le donnez pas à moins qu'à 100 liv. , Monsieur , si vous*
» *le trouvez bien complet ; il faudra alors compter les feuilles & en trou-*
» *ver 18. J'ai vu ce livre , avec blasons enluminés , qu'on estimoit jusqu'à*
» *150 liv. »*

# L.

LAUREA Auftriaca, five de bello Germanico, Libri XII, *in-folio. Francof.* 1627.                                       L. 12 -

Légendre des Flamens, Artifiens & Haynuyens, contenant leur Chronique, en laquelle font contenues plufieurs hif-toires de France, d'Angleterre & d'Allemagne ; *in - 4°. Paris,* 1522, goth.                                       2 - 16

    *C'eft à ce prix qu'il a été vendu à la Bibliotheque de M. de la V\*\*, & 4 - 10 à celle de M. du Fayt.*

Légendre des Flamends, chronique abrégée des Etats de Flandre , Artois , Hainaut , Bourgogne , femblablement traité des généalogies des rois de Naples , Sicile , & princes & ducs de Milan , & des droits des rois de France auxdits royaumes & duché , *in-12. Paris,* 1558.

    *Cet Ouvrage eft très-rare ; il a été vendu 12 liv. à la Bibliotheque de M.* Favier, *à* Lille.

Le Roy. *Voyez* Théatre ( le grand ) profane du duché de Brabant , &c.

Lettre du prince de Parme, envoyée aux Eftats - Généraux des Pays-Bas , affemblés à Anvers, datée du XII de Mars 1579, *in-8°. Anvers ,* 1579.

Lettres interceptées du Cantador Alonfo de Curiel , au prince de Parme , par lefquelles on peult defcouvrir les faulx &

doubles traits, dont l'Efpagnol tafche d'abufer de par deçà, pour les armer contre leur patrie, *in-8°. Anvers*, 1579.

*Ces lettres font recherchées & rares.*

Livre ( le ) de Baudouyn, Comte de Flandre, & de Ferrant fils, au Roi de Portugal ; *in-folio. Lyon*, 1478.

*Cette édition eft très-rare, & n'a pas de prix. Ce Livre a été réimprimé à Chambéri en 1484, in-folio, qui eft plus commun, & qui fe vend 12 à 15 liv.*

Louvain, très - ancienne capitale du Brabant, par Parival ; *in-8°. Louvain*, 1667.

Loyens, fynopfis rerum geftarum Ducum Lotharingiæ, Bra-bantiæ & Limburgi, cum fig. *in-4°. Brux.* 1672.

———— Tractatus de Concilio Brabantiæ, *in-4°. Brux.* 1667.

*Ces deux Ouvrages font rares, ils ont été vendus à la Bibliotheque de M. Picke, L. 24 -, quoique le premier n'a été qu'à 2 - 8 à la Bibliotheque de M. de la V\*\*.*

# M.

MAUSOLÉE de la Toifon-d'or, ou les Tombeaux des Chefs & Chevaliers du noble Ordre de la Toifon-d'or, *in-8°. Amft.* 1689.                                      L. 5 -

Mémoire fur le Commerce des Hollandois, *Amft.* 1717.   2 -

Mémoires pour fervir à l'Hiftoire littéraire des XVII provinces des Pays-Bas, de la principauté de Liege & de quelques contrées voifines, par M. Paquot ; 18 vol. *in-8°. Louvain*, 1763 & fuiv.                                      60 -

Mémoires de Jean d'Hollander, chancelier de Ste. Waudru, fur la révolte des Ganthois l'an 1539, contre l'Empereur Charles V, *in-4°. La Haye*, 1747.

*Cet Ouvrage eft peu commun, il a été vendu 9 liv. à la Bibliotheque de M. de la V\*\*.*

Mémoires de Fréderic-Henri prince d'Orange, *in-4°. Amft.* 1733, avec fig. de Picart.

*Cette édition eft magnifiquement exécutée & décorée d'un grand nombre de figures ; elle vaut L. 12 - Elle a été vendue L. 9 - 10 à la Bibliotheque de M. Favier, à Lille.*

« *Vous qui contenez fes exécutions militaires, & que les curieux font ja-*
» *loux de poffeder ; vous ne valez rien : fi vous êtes rares, fi l'on ne vous*
» *trouve pas aifément, c'eft par rapport au grand débit qu'on a eu de vous,*
» *occafionné par la modicité de votre prix, qui à Lyon n'eft que de 2 liv.* »
*Extrait de ma lettre à M. De Los-Rios.*

Mémoires

Mémoires pour fervir à l'Hiftoire de Hollande & des autres Provinces-Unies, où l'on verra les véritables caufes des divifions qui font depuis 60 ans dans cette République & qui la menacent de ruine, par L. Aubery, imprimé à la Fleche. *Paris*, 1680, *in-8°.*

*Premiere édition peu commune felon M. Clément. Il y en a d'autres éditions pet. in-12, Paris, 1680, 1687, & 1711.*

Mémoires du comte de Guiche, concernant les provinces des Pays-Bas, & *fervant de Supplément aux* Mémoires pour fervir à l'Hiftoire de Hollande, *ci-deffus* &c. *in-8°.* *Londres*, 1744.        L. 4 -

Mémoires guerriers de ce qui s'eft paffé aux Pays-Bas, par le duc de Croy ; *in-4°*, fig. *Anvers*, 1642.    20 -

*Ce Livre eft rare, il fe trouvoit à la Bibliotheque de M. Picke.*

Mémoires pour fervir à l'Hiftoire de la République des Provinces-Unies des Pays-Bas, contenant les Vies des princes d'Orange, de Barneveld, d'Aerfens & de Grotius, par Aubery du Mourier ( Maurier ), avec des notes par Amelot de la Houffaye, 2 vol. *petit in-12. Londres,* 1754.

*Dans les Pays-Bas ce Livre ne vaut que 8 liv.; il a été vendu 11 - 3 à la Bibliotheque de M. du Fayt.*

Mémoires de Meffire Olivier de la Marche, contenant les

événemens mémorables arrivés en Flandre .depuis 1435 jufqu'en 1492 , avec les Mémoires de la Maifon du duc Charles le Hardi , *in-4°. Brux.* 1616.

*Cette édition eft la troifieme ; elle a été vendue 5 liv. à la Bibliotheque de M. du Fayt.*

*Outre cette édition,* Debure *parle d'une autre de* Louvain , *1645. Les deux premieres font de* Gand , *l'une de 1566 & l'autre de 1567. M. J. L. D. G.* ( Jean Lautens de Gand ) *y a joint des annotations & corrections.*

Mémoires de Michel de Caftelnau , depuis 1559 jufqu'en 1570 , donnés par le Laboureur ; 3 vol. *in-folio. Brux.* 1731 & fuiv. avec fig.

*Cette édition qui eft la derniere eft la plus ample & la plus eftimée ; fon prix eft de 48 liv.*

Mémoires de Jean de Wit grand-penfionnaire de Hollande , trad. du flamand , *in-12. Ratisbonne ,* 1709.

*C'eft la troifieme édition de cet Ouvrage qui eft recherché , principalement lorfqu'on peut y joindre*
l'Hiftoire de la vie & de la mort des deux illuftres freres Corn. & J. de Wit, avec fig. 2 vol. *in-12. Utrecht , 1709.*

*Ces trois volumes valent*                                    L. 12 -

Mémoires hiftoriques , militaires & politiques de l'Europe , depuis l'élévation de Charles V au trône de l'Empire , jufqu'au traité d'Aix-la-Chapelle en 1748 , par M. l'abbé Raynal ; *in-8°,* 3 vol. *Amft.*                  7 - 10

Mémoires du card. Bentivoglio , par l'abbé Vayrac ; 2 vol. *Paris ,* 1713.

Mémoires de M. de Beauvais-Nangis, ou l'Hiſtoire des Favoris François, auxquels on a joint des remarques ſur l'Hiſtoire de Bavila & celle de Bentivoglio, ſur l'Hiſtoire de Flandre, *in-12. Paris*, 1665.

Mémoires de M. de la Colonie, contenant les événemens de la guerre depuis le ſiege de Namur en 1692, juſqu'à la bataille de Belgrade, en 1717 &c.; 2 vol. *in-12.*

Mémoires du comte de Bonneval, 1737.

Mémoires nouveaux ou Anecdotes vénitiennes & turques.

Mémoires ( Critique de ces ), 1740.

Mémoires pour ſervir à l'Hiſtoire du prince Eugene de Savoye, par M. d'Artanville; 2 vol. *in-12. La Haye*, 1710.

*Ce Livre peu commun vaut*                          L. 10 -

Mémoires de Montécuculi, généraliſſime des armées & grand-maître de l'artillerie de l'Empereur, avec les Commentaires de M. le comte Turpin de Criſſé, 3 vol. *in-8º,* avec cartes. *Amſt.* 1770.

*Ce Livre eſt eſtimé, il vaut*                          L. 18 -

Mercure de la Gaule Belgique, ou Deſcription des XVII provinces des Pays-Bas, avec les armes blaſonnées des familles qui y reſſortent, *in-8º. Cologne*, 1682.

*Cet Ouvrage eſt très-rare, il ſe trouve à la Biblioth. de l'Abbaye de* S. Denis.

Mercurius Gallo - Belgicus , sivè rerum potiſſimum in Gallia
& Belgio geſtarum , ſtudio Janſonii , ab anno 1588 ad
1600 , 5 vol. *in-12. Col. Ag.* 1594 & ſeqq.

Meurſii ( Joan. ) Guilielmus Auriacus , sivè de rebus toto
Belgio tàm ab eo quàm ejus tempore geſtis , libri X.
*Lugd. Bat.* Elzevir , *in-4°* , 1621.
*Je crois cette date fauſſe , elle doit être de 1622.*

—— Rerum Belgicarum libri I V , in quibus Albani
ſexennium Belli Belgici principium , *in - 4°. Lugd. Bat.*
Elzevir , 1614.

Miracles de Notre - Dame de Bois - le - Duc.

Miracles de Notre - Dame à Montaigu.

Miræi ( Auberti ) opera diplomatica & hiſtorica , in quibus
continentur Chartæ fundationum ac donationum piarum ,
teſtamenta , privilegia , fœdera principum &c., cum notis
& additamentis J. Fr. Foppens. *Brux.* typis ejuſdem , 1723 ,
4 vol. *in - folio ; & Lovanii* , 1734 & 1738.     L. 80 -
*Cet Ouvrage eſt eſtimé & rare. M. Debure en fait mention.*

—— Codex donationum piarum , *in-4°. Brux.* 1624.

—— Diplomatum Belgicorum libri II , *in-4°. Brux.* 1627.

—— Donationum Belgicarum libri II , *in-4°. Brux.* 1629.

Miræi, Notitia Ecclefiarum Belgii, *in-4°. Brux.* 1630.

*Ces quatre Ouvrages font rares, & valent chaque*     L. 15 -

———— Rerum Belgicarum Annales, *in-8°. Brux.*

———— Rerum Belgicarum Chronicon, *Antv.* 1636, *in-folio.*

———— Annales rerum Flandricarum , *Antv.* 1661 , *in-folio.*

———— Rerum Brabanticarum libri XIX , *Antv.* 1610, *in-fol.*

———— Alberti Belgarum Principis Elogium.

———— Germanicarum rexum quatuor celebriores , vetuſtio-refque chronographiæ, *Francf.* 1565 , *in-folio.*

———— Faſti Belgici & Burgundici , *Brux.* 1622.

———— Bibliotheca ecclefiaſtica , *Antv.* 1639 , *in-folio.*

———— Codex regularum & conſtitutionum clericariarum. *Antv.* 1638 , *in-folio.*

———— Forma inſtitutionum Canonicorum. *Antv.* 1638 , *in-fol.*

———— Ordinis Præmonſtratenſis Chronicon. *Coloniæ ,* 1614.

———— Origines Cœnobiorum Benedictinorum in Belgio. *Antv.* 1606.

———— de Congregationibus Clericorum in commune viventium. *Col.* 1632.

———— Chronicon Ciſtercienſis. *Col.* 1614.

Miræi, Origines Cartusianorum Monasteriorum in orbem universum. *Col.* 1619.

———— Stemmata Principum Belgii. *Brux.* 1626.

———— Elogia illustrium Belgii Scriptorum. *Antv.* 1602.

———— Vita Justi Lipsii. *Antv.* 1609.

———— de Ordine Carmelitano. *Antv.* 1610.

———— Notia Patriarchatuum & Episcopatuum orbis Chris-tiani. *Antv.* 1611.

*Il est difficile de rassembler le* Miræus *complet ; lorsqu'on y réussit, c'est par hazard : il est très-rare & recherché.*

Miroir ( le ) de la tyrannie espagnole, perpétuée aux Pays-Bas par le duc d'Albe & autres, avec la tyrannie commise par les mêmes Espagnols aux Indes Occidentales, *in-4°.* fig. *Amst.* 1620.

Miroir des Nobles de Hasbaye, composé en forme de Chro-nique par Jacq. de Henricourt, où il traite des généalogies de l'ancienne Noblesse de Liege depuis l'an 1102 jusqu'à 1398, mis du vieux au nouveau langage par le Sr. de Salbray, avec armoiries ; *in-folio. Brux.* 1715.

# N.

NATALES Sanctorum Belgii & eorumdem chronica re-
capitatio, auct. J. Molano, *in-12. Lov.* 1595.　L. 6 -
Natales ( ad ) Sanctorum Belgii J. Molani auctuarium, ab
　Arn. de Raiffe; *in-8°. Duaci,* 1626.　　　 6 -
Nobiliaire du Pays-Bas & du Comté de Bourgogne, 2 vol.
　*Louv.* 1760.　　　　　 24 -

*J'ai acheté moi-même un exemplaire de cet Ouvrage, à la Toifon-d'or,*
*à Mons, un double fouverain, c'eft-à-dire, L. 32 - 15, dans le tems que*
*je l'imprimois, en 1779, fous Louvain, 1760; n'ayant pas annoncé, ni*
*avoué ma contrefaçon, ce Livre a toujours été vendu au prix que je fixe.*
*Il étoit permis aux libraires des Pays-Bas de vendre cet Ouvrage, & il leur*
*étoit défendu de le réimprimer : fa premiere valeur, en 1761, n'étoit que*
*de 4 liv., elle a augmenté depuis la prohibition qui n'a été faite que*
*pour complaire à certaines familles qui s'étoient méfalliées.*

*Il fe trouve trois Supplémens à cet Ouvrage, le premier ne contient*
*qu'environ cinq feuilles, & fe vend, L. 1 - 10 ; le fecond, in-8°, depuis*
*1420 jufqu'à 1555, fe vend, 3 liv. de même que le troifieme, intitulé :*
*Vrai Supplément, in-8°, Louvain. M. Hanich de Malines, a donné en*
*1779 : Suite au Supplément du Nobiliaire des Pays-Bas &c., en 5 vol.*
*in-8°, & qui fe vend, 12 liv.*

Notice de l'ancienne Gaule, tirée des Monumens romains,
　dédiée à S. A. S. Mgr. le Duc de Chartres, par M. d'An-
　ville; *in-4°. Paris,* 1770, avec carte, *Gallia antiqua.*

Notitia brevis Belgii ex actis Sanctorum excerpta & dif-
　gefta, per provincias, *in-8°. Antv.* 1658.

# O.

OBSERVATIONS hiftoriques qui divifent les trois Etats de Flandre , 1763.

Obfervationes eugenealogicæ & heroïcæ , fivè Materies No-bilitatis gentilitiæ , à Chriftineo , *in-4°. Col. Ag.* 1678.

Ombre de Charles V. *Col.* 1688 , *in-12.*

Origine des Ducs & Duché de Brabant , par J. B. de Vad-dere ; *in-4°. Brux.* 1672.

*Cet Ouvrage a été vendu 3 liv., & le précédent 1 - 11 à la Bibliotheque de Madame de* Pompadour : *le fuivant l'a été 60 liv. à celle de M.* Picke , *il eft très-rare.*

Origine de la Toifon-d'or , repréfentée en 26 planches d'a-près le deffin de Roffo , gravées par Renatus ; *in-folio.*

Origines Cartuafiarum Belgii , Arn. Raiffii , *in-4°. Duaci,* 1632.

Origines omnium Hannoniæ Cœnobiorum &c. à Braffeur , *in-12. Montibus ,* 1650.

*Ce Livre eft rare, & fe vend 12 liv. Voyez* Braffeur.

Origines rerum Celticarum & Belgicarum Sorieskii , *in-folio. Yperen,* 1614.

Origo & hiftoria Belgicorum tumultuum &c. , à E. Eremundo Frifio. *Lugd. Bat. in-8°.* fig. 1619.

———— Idem , *Amft.* Janf. *in-12 ,* 1641.

*Ces deux éditions font rares.*

# P.

Plans & Journaux des sieges de la derniere guerre de. Flandres, rassemblés par deux Capitaines étrangers au service de France, *in-4°. Strasbourg*, 1750.     L. 30 -

*Ce Livre est rare, avec les plans enluminés principalement.*

Prælium Wœringanum Joannis I. Lothar. Brabantiæ Ducis, anno 1288, quo ducatus Limburgi ad Brabantiam accessit, carmine descriptum, notisque illustratum, *in-folio. Brux.* 1641.

*Cet Ouvrage est de F. de Dongelberg, & est peu estimé.*

Poemata & effigies trium stratum Belgarum, N. Grudii, A. Marii, & Joannis secundi.

Pontus Heuterus. *Voyez* Delfii.

Privilegia Academiæ Lovaniensis per summos pontifices & supremos Belgii Principes, concessa variis edictis, decretis, sententiis, concordatis & firmata, *in-4°. Lovanii*, 1752.                     20 -

*On dit ce Livre commun à* Louvain, *je ne le crois pas.*

H

# Q.

QUARTIERS généalogiques des familles nobles des Pays-Bas, avec les armoiries gravées en taille-douce ; *in-4°.* *Cologne*, 1776, tome I.

*Ce Livre est recherché, on en attend incessamment la suite.*

# R.

RECHERCHE des antiquités & noblesse de Flandre, contenant l'histoire généalogique des comtes de Flandre, avec une description curieuse dudit pays, par Phil. de l'Espinoy, avec fig. & blasons ; *in-folio*, 1631.   L. 70 -

*Ouvrage fort estimé & peu commun, dont on a changé les frontispices seulement dans les exemplaires datés de 1632. Il est écrit sur de bons Mémoires, & avec beaucoup d'exactitude & de discernement ; il est un Livre des plus utiles pour l'histoire & la généalogie de la Flandre.*

Recherche modeste des causes de la présente guerre, en ce qui concerne les Provinces-Unies, *in-12. La Haye*, 1703.

*Cet Ouvrage n'est guere connu, il vaut*                L. 3 -

Recherches historiques & généalogiques des Grands d'Espagne, par Imhof, avec fig. *Amst.* 1707, *in-12.*         6 -

Recueil de la Noblesse de Bourgogne, Limbourg, Luxembourg, Gueldres, Flandres, Artois, Hainault, Hollande,

Zélande , Namur , Malines & autres provinces de S. M. C.,
par le Roux. *Brux.*                          L. 18 -

———— Idem. *Lille* , 1708.

———— Idem.          1715.

Recueil généalogique des familles originaires des Pays-Bas ,
ou y établies. *Rotterd.* 1775.                          5 -

———— Idem , 2ᵉ vol. 1778.                          5 -

———— Idem , 3ᵉ vol. 1779.                          5 -

Recueil héraldique des Bourguemaîtres de Liege , *in-folio* ,
fig. *Liege* , 1720.                          40 -

*Ce Recueil devient difficile à trouver , il contient la généalogie des Evéques,*
*Princes & des principales familles , avec inscriptions , épitaphes , armes*
*& blasons , accompagnés de traits historiques depuis l'an 1200 jusqu'en*
*1722 , par Loyens , suivant M. Debure.*

Recueil des saints & bienheureux du Pays-Bas , par Bau-
duin Vrillot ; *in-8º*. *Lille* , 1658.

*Cet Ouvrage est fort rare. Il a été vendu 6 liv. à la Bibliotheque de*
*M. Favier.*

Réflexions sur les finances de Flandre , *in-8º* , 1755.

*Cet Ouvrage imprimé sans lieu d'impression ni nom d'imprimeur , fut*
*fait à Gand aux dépens de quelque personne de distinction & pour son*
*propre usage. Il est à remarquer que l'on n'en a tiré qu'un petit nombre*
*d'exemplaires qu'on a reparti à la Noblesse : cet Ouvrage est très-rare ; il*
*renferme des choses fort curieuses & intéressantes pour la Flandre.*

H 2

Réflexions fur les environs de Maeftricht, ou Mémoires inftructifs fur les campagnes de 1747 & 48, *in-12*, 1756.

Relation des campagnes en Brabant & en Flandre, pendant les années 1745, 46 & 47 ; 3 vol. ornés de plans, *in-12*. *La Haye*, 1748.         L. 9 -

Relation de la campagne de Flandre & du fiege de Namur, en 1695, *in-folio*. *La Haye*, 1696.       3 -

*Cet Ouvrage eft très-mince, & eft rare. Il a été vendu le double à la vente de M. du Fayt.*

Relation de la campagne en Brabant & en Flandre, en 1747, *in-12*. *La Haye*, 1748.

Relation véritable des faits-d'armes des maréchaux Caftillon & Brezé en la conquête du pays Brabant, l'an 1635. -- Le Songe du Flamand, la Furie françoife & la Retraite efpagnole, *in-4°*.       24 -

*Ce Livre eft très - rare.*

Relation de l'entrée triomphante de Philippe, prince d'Ef- pagne, & fils de l'empereur Charles-Quint, dans la ville d'Anvers, en 1549, trad. du latin de C. Graphens, en françois, fig. *in-folio*. *Anvers*, 1550.

*Cet Ouvrage n'a été vendu que 2 liv. à la Bibliotheque de M. de la V**; & le fuivant, quoiqu'in-folio de l'édition d'Elzevir, n'a été vendu que L. 3 - 10 à la même Bibliotheque.*

Relation du fiege de Bois-le-Duc & de ce qui s'eſt paſſé ès Pays-Bas-unis, l'an 1629, trad. du latin de D. Heinſius, en françois; *in-folio. Leyde,* Elzevir, 1631.

Relation de l'inauguration de l'empereur Charles VI, comme comte de Flandres, en 1717; *in-folio,* fig. *Gand,* 1719.

Relation de l'inauguration de S. M. Marie-Thérefe, comme comteſſe de Flandres, en 1744; *in-folio,* fig. *Gand,* 1744.

*Ces deux Ouvrages ſont peu communs, & ſe vendent ordinairement L. 9 -*

Relation des exploits de Marlborough, ſa fortune, ſa gloire, ſon caractere & ſes funérailles, *in-8°,* 1738.

*Cet Ouvrage vient d'être traduit de l'anglois, & ne contient que 15 pages d'impreſſion.*

Remarques ſur l'Etat des Provinces-Unies des Pays-Bas, du chevalier Temple, par J. Stenker, trad. de l'anglois. *Utrecht,* 1697.

*Il s'en trouvoit une édition de 1702, à la Bibliotheque de Madame de Pompadour, qui a été vendue une liv. - Il y en a une autre de 1762. Je crois que la premiere eſt de 1674, qui a été vendue L. 3 - 1 à la vente de M. du Fayt.*

Rerum Belgicarum Annales, Chronici & Hiſtorici, de bellis, urbibus, ſitu & moribus gentis antiqui, recentiorefque ſcriptores quorum pars magna hactenùs non edita, opera F. Swertii, *in-folio. Francf.* 1620.

Rerum Lovanienfium & de antiquitate ejufdem oppidi, *in-folio. Lovanii*, 1758.

*On ne trouve aucune mention de l'auteur de cet Ouvrage, mais il eft affez connu que c'eft* Pierre van Dieve, *dit* Divæus; *on a joint à ce Livre les opera varia de l'auteur.*

Refpublica Namurcenfis, Hannoniæ & Lutfenburgenfis, *in-18. Amft.* Janfson, 1634.                              L. 1 - 10

*Ce petit Ouvrage eft affez eftimé; il a auffi été imprimé par* Blaev, *en 1635.*

Retour des plaifirs, à Mgr. d'Aremberg, à fon entrée à fon gouvernement de Mons, 1719.

Richeffe ( la ) de la Hollande, ouvrage dans lequel on ex-pofe l'origine du commerce & de la puiffance des Hollandois &c., 5 vol. *in-12. Londres.*                        15 -

# S.

Sacra Belgii Chronologia. *V.* Chronologia.

Salvations pour l'affertion de l'épifcopat de S. Piat, par du Pleffis ; *in-8°. Tournay,* 1620.

Sanderi ( Antonii ) Flandria illuftrata feu defcriptio Comitatis Flandriæ, cum fig. æneis. *Col. Ag.* & *Brux.* 1641 & 1644., 2 vol. *in-folio*, cartâ majori.

*Extrait de ma lettre à M. De Los-Rios.*

« *Connoiffez-vous bien cet Ouvrage ? Savez-vous que dans la Flandre,*
» *où il eft le plus commun, l'édition eftimée que vous annoncez à 24 liv.*
» *vaut 48 à 50 liv., & qu'elle a été vendue L. 100 - 10 à la Bibliotheque*
» *de M. du Fayt, & 90 à celle de M.* Colbert. ( *Cette édition a ruiné*
» *l'auteur qui l'a imprimée à fes dépens ; il étoit chanoine d'*Ypres *en* 1650
» *lorfqu'il mourut : il naquit à* Anvers *en* 1586.)
» *L'édition en trois volumes eft rare, elle jouit, malgré votre dit, d'une*
» *très-grande confidération, elle coûte 80 liv., & fa valeur augmente confi-*
» *dérablement lorfqu'on la trouve en grand papier : fon prix alors eft de*
» *120 liv.* --- *Vous auriez bien fait d'informer vos lecteurs, qu'il falloit*
» *joindre à cet Ouvrage un autre auffi rare du même auteur, auffi eftimé*
» *& de même auffi bien exécuté, & qu'alors réunis ils augmentoient encore*
» *de prix. Vous favez que j'entends :*

Sanderi ( Antonii ) Chrorographia Sacra Brabantiæ five celebrium aliquot in ea Provincia Abbatiorum, Cœnobiorum, .Monafteriorum, ecclefiarum, piarumque fundationum defcriptio, cum fig. æneis. *Brux.* 1659, *in-folio.*

*Ouvrage très - exact & dont on fait beaucoup de cas ; les exemplaires étoient fort rares avant la réimpreffion de la Haye, en 1726, 3 vol. in-folio. (J'en connois une qui a la date de 1720.) Le prix de la premiere édition ne diminue guere à caufe de la beauté des figures. Les 6 vol. fe vendent 250 à 260 liv. Il faut faire attention que le premier de ces deux Ouvrages, réimprimé en 1735 (j'en connois une édition de 1732), eft en 3 vol., réimprimé fous ce titre :*

Ant. Sanderi Flandria illuftrata five Provinciæ & Comitatis hujus defcriptio, cum fig. æneis. *Hag. Com.*

*La premiere édition a fon mérite par la beauté des gravures.*

Sanderi defcriptio Flandriæ , *Antv.* 1624.

———— Elogia Cardinalium , *Lov.* 1626.

———— Rerum Gandavenfium , *Brux.* 1627. *Antv.* 1624.

———— de Brugenfibus , *Antv.* 1624.

———— Opufcula univerfa , *Lov.* 1651.

———— Hagiologicum Flandriæ , *Antv.* 1625.

*Ces Ouvrages font in-4°.*

———— Palatium Bruxellenfe, fig. *Brux.* 1657.

———— Chrorographia Cœnobiorum Brab. fig. *Brux.* 1659.

*Ces deux Ouvrages font ordinairement en 1 vol. in-folio , qui vaut L. 30 -*

———— Vera & fincera hift. fchifmatis Anglicani , 1628, *in-8°. Col.*

*Tous les Ouvrages de Sanderus font rares , & ils font recherchés ; il a fait le* Théatre facré de Brabant. *Voyez* Théatre.

Scrieckii

Scrieckii ( Adriani ) monitorum fecundorum libri XIII, quibus originum Celticarum & Belgicarum opus probat firmatque , *in-folio. Ypris* , 1615.

Schroockii ( Martini ) Belgium Fœderatum , five diftinſta defcriptio Reip. Fœderati Belgii. Differtatio de juftitia belli &c. *Amft.* Janſson , 1652.

*Ce Livre a été vendu 3 liv. à la vente de M. de la* V**.

Sereniffimi Principis Ferdinandi Hifpaniarum infantis, S. R. E. Cardin. Triump. introitus in Flandriæ Metropolim Gandavum, auſt. Becano , cum fig. æneis elegantiff. ; *in-folio. Antv.* Meurſius , 1636.

*Ce Livre a été vendu à la même Bibliotheque ,* 19 *liv. ; il n'eft pas rare.*

Siege de Namur. *Paris , in-12 ,* 1692.

Siege ( le mémorable ) d'Oftende , par Bonours ; *in - 4°. Brux.* 1628.

*Cet Ouvrage eft très - rare.*

Siege de la ville de Bréda , conq. par Philippe I V , fous la conduite du marquis Ambroife Spinola , trad. du latin du P. H. Hugo , en françois , par Ph. Chifflet ; *in-folio. Antv.* Plantin , 1631.

*Il n'a été vendu que L. 3 - 4 à la Bibliotheque de M. de la* V**.

Smith oppidum Batavorum feu Noviomagum , liber fingularis , *in-4°. Amft.* Blaev , 1645.

*A la vente des Livres de M.* Delaleu *, il a été donné pour* ·L. 3 - 13

I

Sommier difcours des juftes caufes & raifons qui ont contraint les Etats Généraux des Pays-Bas de pourveoir à leur défenfe contre le Seigneur Don Jean d'Auftriche, *in-8º. Anvers*, G. Sylvius, 1577.

*Cet Ouvrage peut valoir* L. 5 -

Statuts & Ordonnances de la Toifon-d'or, *in-8º. Col.* 1689.

Stradæ ( Famiani ) de bello Belgico, ab 1555 ad 1590, fig. 2 vol. *in-folio. Romæ*, 1640 & 1647.

*M. d'Ofmond évalue cette édition 30 à 36 liv.; il l'a donnée fous la fauffe date de 1642 & 1647.*

*Cet Ouvrage qui devoit avoir 3 vol., n'a pas été achevé, parce que l'impreffion du troifieme volume fut arrétée par ordre du roi d'Efpagne. Cette édition eft la plus recherchée, la mieux exécutée, & eft ornée de fig. en taille-douce.*

*Il y en a une autre de 1637 & 1650.*

*Ce Livre a été traduit en françois par* Pierre du Ryer. *Voyez* Hiftoire de la guerre de Flandre.

Stradæ ( Famiani ) de bello Belgico, Decades duæ, cum fig. æneis, 2 vol. *in-4º. Lugd.* 1643.

*Cette édition fe trouve à l'Abbaye de S. Denis; il s'en eft vendu une de 1648, 24 liv. à la vente des Livres de M. de la V**.*

Swertii Athenæ Belgicæ, *in-folio. Antv.* 1628. 12 -

———— Rerum Belgicarum Annales, chronici & hiftorici, *in-folio. Francf.* 1620. 15 -

*Ces Ouvrages fe trouvoient à la Bibliotheque de M.* Picke.

## T.

Tableaux facrés de la Gaule Belgique, contenant la fuite des évêques & la bibliotheque des écrivains célebres, anciens & modernes de ce pays, par Gazet ; *in-8°.* *Arras*, 1610.

Tabula chronologica five Ducum Lotharingiæ, Brabantiæ, Limburgi &c. & gubernatorum & archiftrategorum &c. à Godefrido, *in-4°. Mechl.* 1659.                   L. 12 -

Théatre ( le grand ) facré du duché de Brabant, contenant la defcription de l'églife métropolitaine de Malines, & de toutes les autres églifes cathédrales, collégiales & paroiffiales, des abbayes, prévôtés &c. ; 4 tom. en 2 vol. *in-folio. La Haye*, fig. 1729.                   80 -

*M.* Debure *fait mention de cette édition qui eft rare & recherchée, celle de 1734 l'eft de même. Cet Ouvrage eft de* Sanderus. *On le joint ordinairement aux autres du même auteur, ainfi que le fuivant, qui forment alors une collection complete, qui eft fort eftimée, & qui augmente de prix, lorfqu'elle fe trouve en grand papier, comme je l'ai fait remarquer à l'article* Sanderi.

Théatre ( le grand ) profane du duché de Brabant, à quoi l'on a ajouté la defcription topographique & hiftorique du Brabant-Wallon, par le baron Le Roy ; 3 vol. *in-fol. La Haye*, 1729 & 1730.

*Cet Ouvrage vaut 100 liv., & l'édition, en 2 vol., n'eft eftimée que la moitié, quoique l'une & l'autre foient rares & recherchées.*

I 2

*Le même auteur nous a donné :*

—— Caſtela & Prætoria Nobilium Brabantiæ , Cœno-biaque celebriora &c. , *in-folio. Antv.* 1697 , fig. L. 40 -

—— Topographia hiſtorica Gallo - Brabantiæ , *in - folio. Amſt.* 1692 , fig.

*De tous les Ouvrages du baron* Le Roy *, celui-ci eſt le plus exact & le mieux écrit. --- Les exemplaires ſont devenus fort rares , c'eſt ce qui en a fait monter conſidérablement la valeur. Il ſe vend juſqu'à* L. 80 -

—— Notitia Marchionatus ſacri Romani imperii , hoc eſt urbis & agri Antverpienſis , oppidorum , dominiorum , monaſteriorum , caſtellorumque ſub eo , *in - folio* , fig. *Amſt.* 1678.

*Cet Ouvrage eſt rare & recherché. Son prix eſt de* L. 60 -
*On peut juger de la différence des prix auxquels les Livres ſe vendent dans divers pays , par ceux des trois articles ci-deſſus ; le premier n'a été vendu que L.* 23 - 3 , *à la Bibliotheque de M.* Delaleu ; *le ſecond,* 27 -, *& le dernier,* 19.- *Les prix que je fixe ſont ceux auxquels ils ont été vendus chez M.* de Cobenzl , *à* Bruxelles.

—— l'Erection de toutes les terres , ſeigneuries & familles titrées du Brabant , *in-folio. Leyde ,* 1699. 36 -

—— Hiſtoire de l'aliénation engagere , & vente des ſei-gneuries , domaines & juriſdictions du duché de Brabant, Limbourg &c. , *in-folio* , ſans date. 24 -

—— Inſtructions & Ordonnances de la Chambre des Comptes du Brabant , *in-8°. Lille ,* 1716. 4 -

Théatre de la Nobleſſe du Brabant, repréſentant les éreƈtions des terres, ſeigneuries &c. accordées par les princes ſouverains, ducs de Brabant, diviſé en 3 parties, enrichies de généalogies &c., par Vanden Leene; *in-4°. Liege,* 1705.
*Ce Livre ſe trouve difficilement, & vaut*                    L. 24 -

Théatre de la Nobleſſe de Flandres, ou Recueil de la Nobleſſe de Bourgogne, Limbourg, Luxembourg, Gueldres, Flandres, Artois, Haynau, Hollande, Zélande, Namur, Malines &c., avec preuves & armoiries, par J. le Roux; *in-4°. Lille,* 1715.                    L. 15 -
*J'en connois une édition de 1708, M. Debure ne parle que de l'autre.*

Théatre de la guerre dans les Pays-Bas, ou Repréſentations des principales villes de la Flandre, Hainaut, Brabant &c., avec leurs fortifications, par le Sr. le Fer; 2 vol. *in-folio oblongo. Paris,* 1696.                    15 -

Théatre de la guerre *dans les Pays-Bas*, avec tous les campemens de l'armée & une table pour trouver dans un moment toutes les villes, bourgs &c. qui y ſont compris, préſenté à Guillaume III; *in-8°. Amſt.* Mortier.
*Cet Ouvrage qui eſt enrichi de 35 cartes enluminées, eſt très-rare. Je n'ai vu qu'un exemplaire de ce Livre, & ce fut dans la Bibliotheque de M. Delmotte, avocat, à Mons.*

Théatre de la guerre des Pays-Bas, par Julien; *in-4°.* 4 -

Theatrum ( novum ac magnum ) urbium Belgicæ Regiæ ac fœderatæ, 2 vol. *in-folio*. *Amſt.* Blaev, 1649.

*J'en ai vu un en grand papier avec les cartes bien enluminées, qui a été vendu à la vente des Livres de M.* Moris, *à* Bruxelles,     L. 160 -

Tombeaux des hommes illuſtres qui ont paru au Conſeil privé *du Brabant*, in-8°. *Amſt.* ( *Brux.* ) 1674.

*L'auteur peu connu eſt le chancelier* Chryſtin.

Totius Belgicæ urbium, abbatiarum, collegiorum diviſio, ad opprimendum per novos Epiſcopos Evangelium, à Sonnio, *cum notis anonymi*; in-8°. *Francf.* 1570.    24 -

*Livre très-rare & fort eſtimé, dont les notes ſont remplies du venin de quelque Calviniſte outré.*

Triomphe des vertus évangeliques, repréſenté dans les actions héroïques de Ste. Aye, comteſſe de Hainau, *in-4°*. *Mons*, 1674.     3 -

Trophées tant ſacrés que profanes du duché de Brabant, contenant l'origine, ſucceſſion & deſcente des ducs & princes de cette Maiſon &c., par Butkens; *in-folio*. *Anvers*, 1641.

*Cette édition vaut 20 liv., elle eſt originale, ſelon M.* Clément: *la ſeconde augmentée d'un Supplément, par M.* Jaerens, *héraut d'armes, imprimée à* La Haye, *en 1724, ſuivant M.* Debure, *mais à mon avis en 1724 & 1726, eſt en 4 vol. in-folio, & vaut 160 liv. lorſqu'il ſe trouve en grand papier. M.* d'Oſmond *annonce cet Ouvrage, qu'il n'évalue qu'à*

50 *liv.*, *quoiqu'eſtimé.* *Il eſt orné de figures ſuperbes.* — *L'édition de 1734 eſt de la même valeur : elles ſont toutes rares & recherchées.*

Troye ( la nouvelle ), ou mémorable Hiſtoire du ſiege d'Oſ-tende, par H. Haeſtens ; *in-4°*, fig. *Leyde*, Louis Elzevir, 1615.

*Cet Ouvrage a été vendu à la Bibliotheque de Mad.* de Pompadour,

L. 4 - 10

# V.

VALLIS Mariana alias Scholaris, fivè hiftoria ecclefiæ abbatialis B. Mariæ, Montibus Hannoniæ, fub regula Sti. Auguftini Can. Reg. verfu Phalencio laconicè defcripta. Item Sylva Ifaacana, feu hiftoria miraculi facri-fanguinis, & Monafterii Bufci D. Ifaac, ejufdem ordinis, à M. Bourgeois. *Montibus*, Havart, 1636.    L. 2 - 10

Vander Haer (Florentii) de initiis tumultuum Belgicorum libri duo. *Lovanii*, 1640.    3 -

Véritable origine des très-illuftres Maifons d'Alface, de Lorraine, d'Auftriche, de Bade & de quantité d'autres, avec les tables généalogiques ; *in-folio. Paris*, 1649.

*Cet Ouvrage eft fort rare.*

Vie (la) de l'empereur Charles-Quint, par Grég. Leti ; 4 vol. fig. *Amft.* 1702.

*Ce Livre eft peu commun, il vaut 20 liv. Il s'en trouve une édition en 2 vol. qui n'eft pas auffi eftimée.*

Vie de Michel de Ruyter, amiral des Provinces-Unies, contenant l'hiftoire maritime de la république, depuis l'an 1652, jufqu'en 1676, trad. du holland. de G. Brandt, par le Sr. Aubin ; fig. *Amft.* 1698, *in-folio.*

*M. Debure en parle : cet Ouvrage eft rare ; il a été vendu 30 liv. à la vente de M. du Fayt. L'édition in-12, Amft. 1677, n'a été vendue que 2 liv. à la Bibliotheque de M. de* Cobenzl.

Vie

Vie de Ste. Gudule, patrone de Bruxelles.

Vie de Ste. Aye, comteſſe de Hainau, *in-4°*. *Mons*, 1634.

Vie & martyre de S. Adrien, tutélaire de la ville de Grammont.

*Ces trois Ouvrages ſont communs & peu recherchés.*

Vie de François de la Noue, dit *Bras de fer* : éclairciſſant ce qui s'eſt paſſé en France & aux Pays-Bas, depuis le commencement des troubles ſurvenus pour la Religion juſqu'en 1591, par Moyſe Amyrault. *Leyde*, Elzevir, 1661.

*Cet Ouvrage d'un petit format eſt extrémement rare & ſe vend* L. 9 -

Voyage du prince Don Fernando, infant d'Eſpagne, cardinal, avec ſon entrée en la ville de Bruxelles en 1634, trad. de l'eſpagnol de Don Diego, de Aedo & Gallart, en françois, par Jules Chifflet ; *in-4°*. *Anvers*, Chnobbaert, 1635, fig.                                        2 -

Voyages pittoreſques de la Flandre & du Brabant, par M. J. B. Deſchamps ; *in-8°*. *Amſt.* 1722.            L. 8 -

*L'édition in-12 n'en vaut que*                               4 -

Vredii Sigilla Comitum Flandriæ, fig. *Brux.* 1642, *in-fol.*

*Il ſe trouve une édition de cet Oavräge de* Bruges *, en 1639, je la crois la premiere. Il a été traduit en françois & imprimé avec fig. à* Bruges, *en 1641.*

K

Vredii Genealogia Comitum Flandriæ, 2 vol. *in-folio.* *Brugis* , 1642.

———— Opera omnia genealogica & hiftorica, 5 vol. *in-fol.* *Brugis* , 1642.

———— Hiftoria Comitum Flandriæ, libri prodomi duo , *Quid Comes ? quid Flandria ?* 2 tom. en 1 vol. *in-folio.* *Brugis* , 1650.

———— Hiftoria Flandriæ Chriftianæ. *Brugis* , fine anno , *in-folio.*

*On raſſemble ordinairement quatre Ouvrages de cet auteur , qui ſont :*

1°. Sigilla.

2°. Genealogia.

3°. Hiftoria Comitum.

4°. Hiftoria Flandriæ.

*eu égard à la matiere dont ils traitent , & qui eſt à-peu-près la même. Les deux premiers ont été traduits en françois , mais on préfere l'édition latine , parce qu'elle eſt plus exacte. Les deux autres n'ont pas été traduits , & le dernier n'a pas été achevé, la mort ayant empêché l'auteur de pouſſer plus loin ſon travail ; il finit à la page 400 , & eſt le plus difficile à trouver.*

# SUPPLÉMENT.

# AVIS.

J'AI omis dans cette BIBLIOGRAPHIE beaucoup d'Ouvrages concernant l'Histoire ecclésiastique des Pays-Bas qui ne me paroissoient pas utiles, ni rares, ni recherchés ; tels que les Vies des Saints, &c. Je n'ai point cru devoir annoncer les chartes, placards, ordonnances des différentes provinces ou villes : ces Ouvrages sont assez connus : la description de quelques sieges, celle des entrées de plusieurs souverains dans lesdits pays, m'ont parues inutiles, ainsi qu'une quantité de bagatelles qui pourroient former une seconde partie, que je donnerois avec plaisir, si on la desiroit.

Malgré toute l'attention que j'ai eue, j'ai oublié plusieurs Livres que je donne en forme de Supplément, à la fin duquel on trouvera une notice des Manuscrits dont j'ai connoissance.

Je recevrai avec plaisir les notes, réflexions ou critiques dont mon Ouvrage sera susceptible ; elles me parviendront exactement en les remettant à Mad. la Ve. BOTTIN, imprimeur-libraire, à Mons.

# SUPPLÉMENT.

ABRÉGÉ de la naiſſance & progrès de l'abbaye de S. Jean à Valenciennes, & l'entrée joyeuſe des martyrs S. Pierre & S. Julien, par Mercier, religieux ; *pet. in-12.* Douai , 1635.

*Ce Livre eſt fort rare , il vaut 9 liv. , & eſt très-recherché ; je l'ai vu à la Bibliotheque de M. Favier , à Lille.*

DESCRIPTION des fieges , batailles , rencontres , & autres choſes advenues durant les guerres des Pays - Bas , ſous le commandement des Etats Généraux des Provinces-Unies, par Boudart ; *in-4°. oblongo*, fig. *Amſt.* 1616.

*Ce Livre eſt rare & vaut*                                L. 24 -

Déſordres du Pays-Bas , cauſés par la France , *in-16. Amſt.* 1683.

*Ce petit Ouvrage eſt très-rare.*

Diſcours véritable de la reddition de la ville & du château de Cambrai , entre les mains du roi d'Eſpagne , par le comte de Fuentes ; *in-12. Brux.* 1565.

*Cet Ouvrage eſt rare ; il n'eſt guere connu, il vaut 4 liv. ; c'eſt à ce prix qu'il a été vendu à la Bibliotheque de M. Favier.*

EFFIGIES & portraits des forestiers & comtes de Flandres, des ducs de Brabant, des comtes de Hollande & des empereurs de la Maison d'Autriche, sur les desfins de Jean Meyssens, (gravées par Corn. Meyssens; *in-folio*, 1663.                                             L. 18 -

Essai d'une Histoire des Provinces-Unies, par M. Salengre; *in-4°. La Haye*, 1728.                                         3 -

GRAMAY, historiæ & antiquitates urbis Cameracensis, *in-4°. Brux.* 1608.

   *Ce Livre n'est guere estimé, il ne se vend que*        L. 3 -

———— Antiquitates Comitatûs Namurcensis, *in-4°. Lov.* 1608.

   *Il est plus estimé que le précédent, & vaut*          L. 9 -

HISTOIRE de la révolution des sept Provinces-Unies des Pays-Bas, par M. Hilliard d'Auberteüil : 3 vol. *in-8°*, d'environ 400 pages.

   *C'est en Mars de cette année, 1783, qu'on à proposé cet Ouvrage par souscription, à raison de 15 liv., en en promettant une édition in-4°, à 30 liv.*

Historiæ Camberonensis pars prior, sive diva Camberonensis à Judæo perfido quinquies icta & cruentata duobus diftinéta libris &c. & pars altera de Camberona Cœnobio - ejufque abbatibus, Ant. Le Waitte, 2 vol. *in-4°. Parif.* 1672.

*Cet Ouvrage eft d'une grande rareté & recherché principalement dans le Hainau ; il fe vend 20 à 24 liv.*

Mons Hannoniæ Metropolis interjeéta Comitum Hannoniæ Chronologia brevi ufque ad Philippum II, à Deguyfe, *in-12. Cameraci*, 1621. L. 9 -

Question hiftorique, où il fe traite fi Tournay eft une ville des anciens Nerviens, & fi elle en eft la capitale, par Gautran ; *in-12. Tournay*, 1658.

*Ce Livre eft rare, il vaut* L. 3 -

Rebellion des Flamends & Brabançons envers leurs princes.

*Cet Ouvrage eft in-12, il eft très-rare & vaut* L. 3 -

Theatro Belgico di Gregorio Leti, 2 vol. *in-4°*, gr. pap. fig. *Amft.* 1690, mar. rouge.

*Cet Ouvrage a paffé à L. 31 - 5, à la vente des Livres de la Bibliotheque de Mad. de* Pompadour.

# MANUSCRITS.

BIBLIOTHEQUE hiſtorique des Pays-Bas, contenant le Catalogue de preſque tous les Ouvrages tant imprimés que manuſcrits qui traitent de l'hiſtoire, principalement des XVII Provinces, avec des notes, par J. F. Foppens ; *in-folio.*

Chronique du comté d'Artois, *in-folio.*

Genealogia nobiliſſimorum Ducum Brabantiorum & Sanctorum ac Sanctarum atque aliarum virtuoſarum perſonarum ab eiſdem propagaturum.

Généalogie de pluſieurs nobles familles des Pays-Bas, avec leurs armoiries ; *in-folio* de 128 pag.

Hiſtoire des comtes de Flandres, des châtelains & gouverneurs de la ville & châtellenie de Lille : comme auſſi l'Hiſtoire abrégée politique, eccléſiaſtique & civile de ladite ville, avec les ſieges dés années 1297, 1667, 1708. De plus, ſes antiquités, mauſolées, épitaphes & déclarations des chapelles de Lille, de l'égliſe collégiale de S. Pierre. Le tout accompagné de remarques hiſtoriques, critiques & politiques, avec les armes & blaſons très-proprement enluminés ; *in-folio.*

Hiſtoire

Hiſtoire & origine de la premiere inſtitution, & autres Chapitres de l'Ordre de la Toiſon-d'or, tenus par le Bon duc Philippe de Bourgogne à Lille, Gand, Bruges &c., avec quelques pieces extraites d'anciens manuſcrits pour ſervir d'inſtruction hiſtorique & d'éclairciſſement circonſtancié des premiers Chapitres de l'Ordre, enrichie de toutes les armoiries des chevaliers dudit Ordre, enluminées avec la plus grande exactitude & propreté ; *in-folio.*

Hiſtoire de Tournay, ſon gouvernement, ſes coutumes, & ce qui eſt du bailliage de Tournay & Tournaiſis, avec d'autres remarques touchant leur état ; *in-folio.*

Hiſtoire de Flandre, faite par M. Phil. Wieland ; *in-fol.* fig.

Journal des voyages & expéditions de l'empereur Charles V, depuis 1514 juſqu'au mois de Mai 1551, par Ant. Garnier, ſecretaire de M. Ant. Perrenot, évêque d'Arras ; *in-folio.*

Liſte des foreſtiers de Flandre & des comtes ; *in-folio.*

Luciburgenſia romana, ſive Luxemburgum romanum, hoc eſt Arduennæ veteris ſitus, populi loca priſca, ritus, ſacra lingua, viæ conſulares, caſtra, caſtella &c., per Alex. Wilthemium.

*J'ai vu ce manuſcrit d'une écriture moderne, avec figures colorées, que M. De Bel, libraire à Bruxelles, eſtimoit 600 à 650 liv.; in-fol. de 688 pag.*

L

Mémoires de Hopperus, confeiller du roi d'Efpagne, touchant l'état & gouvernement du Pays - Bas ( *ou Préli-
minaires de l'hiſtoire des troubles des Pays - Bas, par
Hopperus* ), de 77 pag. in-folio.

*Cet Ouvrage a été vendu 48 liv. à la Bibliotheque de M. de* Cobenzl,
*il eſt très - eſlimé & eſt partagé en* **IV** *parties, la premiere commence au
départ de* Philippe II *des Pays-Bas, & la* 4ᵉ *finit en 1566 à la réfolution
du même roi d'y retourner. Ce manuſcrit eſt fort curieux,* Viglius *préſident
à* Bruxelles, *en a donné beaucoup de louanges. Il s'en trouve un exemplaire
dans la Bibliotheque du cardinal - archevêque de* Malines, *qu'on dit être
l'original, mais c'eſt une erreur : car ce n'eſt qu'une copie écrite vers
l'année 1624, du tems de l'archevêque* Boonen, *par le frere* Dionis van
Herthos, *religieux d'*Affligen.

Mémoires hiſtoriques, ou Annales de la Flandre-Gallicane,
depuis 999 juſqu'à 1610, avec l'inſtitution des rois de
l'Epinette ; la création de la nobleſſe dudit pays : les titres
honoraires des feigneurs de la châtellenie de Lille. L'état
de la Maiſon de Philippe le bon, duc de Bourgogne.
Enfemble l'Abrégé hiſtorique des égliſes collégiales &
abbatiales de la ville & châtellenie de Lille, & obituaires
de S. Pierre & de l'abbaye de Los ; *in-folio.*

Nobiliaire généalogique de la ville & châtellenie de Lille,
contenant l'extrait abrégé de tous les annobliſſemens en-
regiſtrés dans la Chambre des Comptes de la ville de Lille,
depuis 1423 juſqu'en 1625, & les autres juſqu'aujourd'hui,

avec les chevaliers & terres érigées en titres, de même que leurs écuffons raifonnés. Comme auffi l'hiftoire de tous les feigneurs, collateurs, patrons des cures, leurs anciens poffeffeurs, leurs redevances, dépendances, droits de vaffalité, armoiries raifonnées, rapport & dénombrement des terres de chaque paroiffe de la ville & châtellenie de Lille. Rédigé par ordre alphabétique avec la généalogie hiftorique de chaque feigneur, prouvée par les extraits, maufolées, épitaphes &c., & plufieurs anecdotes hiftoriques & critiques ; 2 vol. *in-folio.*

Origine & defcente des comtes de Flandre & de Hainau, comme auffi de quelques comtes de Namur, d'Hollande, de Zélande & feigneurs de Frife, avec les alliances de plufieurs autres illuftres familles. Le tout tiré hors de plufieurs livres manufcrits de M. Voet, & dreffé par le comte de Colins.

*Ce Manufcrit contient 618 pages in-folio.*

Rerum Brabanticarum Commentarii pulcherrimi, auctore P. Divæo ; *in-folio.*

*Ce Manufcrit eft très-beau, avec des corrections différentes, faites tant par l'auteur que tirées de fes Mémoires.*

Taffis (Joan. Bapt. de), *Bruxellenfis,* ordinis D. Jacobi de la Efpada, Commentaria de tumultibus Belgicis fui temporis, ab anno 1559 ad 1592; *in-folio* de 669 pages.

*On trouve très-peu de copies de ce Manuscrit dans les Pays-Bas. L'o-*
*riginal existoit dans la Bibliotheque de l'Escurial à Madrid.*

Théatre généalogique de la Noblesse de Flandre, contenant
les généalogies historiques des plus illustres Maisons de
Flandre, Brabant, Namur, Haynault, Artois, ville &
châtellenie de Lille, & de plusieurs autres Maisons de
Flandre qui y sont jointes par leurs alliances; les tournois
d'Arras, de Tournay, d'Anchin & d'autres. Le tout copié
d'après l'original de Me. Scohier, chanoine de Tournay.
*De plus*, le Provincial de la Noblesse du comté d'Artois,
sous Albert & Isabelle archiducs d'Autriche, par ***,
grand oncle du comte de Gomecourt en 1606, avec des
notes critiques, historiques & politiques, copiées sur l'o-
riginal reposant à l'abbaye de S. Waast d'Arras; *in-folio*.

Vander Burg. Histoire généalogique de la Maison de Bourgoigne.

——— Regum, Ducum, Principum, Comitum, Marchio-
num, Delphinorum historia & genealogia; *in-folio*.

——— Idem, augm. par le même, en 2 vol. *in-folio*.

——— Chronica, Hollandiæ, Zelandiæ, Frisiæ, Episcoporum
Trajectensium & Ducum Burgundiæ, *in-folio*, 1583.

*Cet Ouvrage vaut*                                    *L.* 60 -

www.ingramcontent.com/pod-product-compliance
Lightning Source LLC
Chambersburg PA
CBHW070852280326
41934CB00008B/1413